STARK

# DEUTSCH 3. Klasse

## Diktate und Rechtschreibung

Martina Külling

STARK

**Bildnachweis**
Umschlagbild und Illustrationen: Katrin Merle
S. 18: © amriphoto/iStockphoto
S. 25: © Irina Fischer - Fotolia.com
S. 39: © Eric Isselée - Fotolia.com

**Autorin:** Martina Külling


www.stark-verlag.de
1. Auflage 2012

Liebe Eltern,

Schülerinnen und Schüler fit in **Rechtschreibung** zu machen, ist eine Herausforderung (nicht nur) in der Grundschulzeit. Mit dem vorliegenden Trainingsheft können Sie mit Ihrem Kind das richtige Schreiben, sortiert nach Rechtschreibschwierigkeiten, sinnvoll üben und wiederholen. Blau hinterlegte **Infokästen** unterstützen Sie beim Vermitteln von Rechtschreibregeln, **Tipps** helfen an kniffligen Stellen weiter.

Auf MyStark finden Sie passend zu jeder Rechtschreibschwierigkeit alltagsnahe und kindgerechte **Diktate zum Anhören und Downloaden**. Diese können Sie Ihrem Kind diktieren lassen, um damit noch einmal das zuvor erworbene Wissen zu überprüfen. Der jeweilige Text wird dabei immer erst einmal ganz und dann, zum Mitschreiben, in Sinnabschnitten mit Satzzeichen vorgelesen. (Jedes Kind hat natürlich ein individuelles Schreibtempo. Wenn die Pausen zum Schreiben zu kurz sind, kann nach jedem Sinnabschnitt einfach auf Pause gedrückt werden.)

In der Mitte des Hefts finden Sie **Sticker**, mit denen Sie Ihr Kind nach jeder erfolgreich abgeschlossenen Lerneinheit belohnen können. Das motiviert zusätzlich.

Ich wünsche Ihrem Kind viel Freude und Erfolg bei der Arbeit mit diesem Heft!

Martina Külling

Martina Külling

**Inhaltsverzeichnis**

# Endlich Ferien! – Groß- und Kleinschreibung

Es ist Sommer und die Kinder der 3 b haben Ferien. Viele sind in den Urlaub gefahren, aber Anna und ihre Eltern sind zu Hause geblieben. Sie spielen viel und machen lustige Ausflüge.

Ihre Erlebnisse schreibt Anna in ihr Tagebuch.

liebes tagebuch!

meine ferien sind immer noch toll! wir haben viel spaß und erleben spannende sachen.
eben sind wir von einem spaziergang zurück-gekommen. wir waren mit tante daniela am fluss.
plötzlich ging ein gewitter los. es hat geblitzt, gedonnert und richtig gegossen.
wir sind schnell zum auto gerannt. das wurde natürlich ganz schön dreckig. papa hat aber nicht geschimpft. wir konnten ja nichts dafür.
jetzt sind wir alle wieder trocken.
leon habe ich bisher nicht getroffen. der ist noch in italien.

liebe grüße, deine Anna

## 1 Da stimmt was nicht!

Anna hat zwar alles richtig geschrieben, aber nicht auf die Groß- und Kleinschreibung geachtet. Hilf ihr, den Tagebucheintrag zu verbessern, und schreibe den Text richtig auf ein Blatt Papier oder einen Block.

- **Satzanfänge** schreibt man groß.
  Dies gilt auch nach einem Doppelpunkt, wenn ein ganzer Satz folgt.
  *Beispiel:* **D**er Vater sagt: „**I**ch gehe in den Garten."
- **Nomen** (Namenwörter) schreibt man groß. Nomen erkennst du daran, dass du einen der Artikel (Begleiter) „der", „die" oder „das" davorsetzen kannst.
  *Beispiele:* der **B**erg, die **S**onne, das **M**eer
- **Eigennamen** (Namen oder Orte) schreibt man groß.
  *Beispiele:* **P**eter, **K**öln, **P**azifik

**2 Was für ein Durcheinander!**

Auf diesem Urlaubskoffer sind alle Wörter durcheinandergeraten.
Schreibe nur die Wörter auf die Linien, die man großschreibt.

der Koffer, ______________________________

______________________________

______________________________

**3 Hier haben sich Fehler eingeschlichen.**

Streiche die falsch geschriebenen Wörter durch und schreibe sie richtig auf die Zeile.

die lehrerin der Klasse 3b hat Natürlich auch urlaub.

______________________________

In den Nächsten wochen muss sie Keinen unterricht vorbereiten.

______________________________

sie Sieht aber gerne auf Die vergangenen Monate in der schule Zurück.

______________________________

Morgen Fliegt sie mit dem flugzeug nach paris, das ist Die hauptstadt von Frankreich.

______________________________

## 4 Nomen (Namenwort), Satzanfang oder Eigenname?

Anna hat in der Zeitung gelesen, dass viele Menschen während ihres Urlaubs in Deutschland bleiben.

Lies auch du den Zeitungsartikel und sieh dir die großgeschriebenen Wörter genau an. Warum werden sie großgeschrieben? Stehen sie am Satzanfang, unterstreiche sie blau. Sind es Eigennamen (Namen oder Orte), unterstreiche sie rot. Sind es Nomen, unterstreiche sie grün.

### Urlaub in Deutschland

*von Mario Müller*

**Berlin** ■ Immer mehr Deutsche bleiben in den Ferien in ihrer Heimat. Schlimm ist das nicht! Denn mal ehrlich: Auch in Deutschland lässt sich viel erleben. Man muss nicht in andere Länder fahren, um Spaß zu haben oder interessante Dinge zu entdecken. Viele Wälder, Höhlen, Flüsse und Seen laden zu Ausflügen ein und versprechen ein fröhliches Ferienprogramm. Und für alle, die von der Natur genug gesehen haben, lohnt sich ein Blick in das Museumsangebot der Städte und Gemeinden. Auch das hat einiges zu bieten. Wem an seinen freien Tagen in Deutschland also langweilig wird, ist wirklich selber schuld.

## 5 Wörterpuzzle

Adriano ist bei seinen Großeltern in Italien. Für seine Oma Rosa hat er zum Deutschlernen ein Wörterpuzzle gebastelt.

Hilf der Großmutter, die Sätze in die richtige Reihenfolge zu bringen. Schreibe sie richtig auf die Linien und denke an die Groß- und Kleinschreibung.

HUNGER. DIE HABEN KINDER

TRÄUMT VON ER LÄNDERN. FERNEN

ARZT SCHÖNER IST BERUF. EIN

FREUE ICH AUF MICH URLAUB. DEN

## 6 Groß oder klein?

Werden die Wörter groß- oder kleingeschrieben? Trage sie richtig in die Tabelle ein.

meer brille klettern mehr höhle hohl

| groß | klein |
|---|---|
| | |
| | |
| | |

## 7 Feriengrüße aus der Türkei

Hier siehst du die Postkarte, die Anton aus seinem Urlaub in der Türkei geschrieben hat.

Schreibe die Postkarte richtig auf ein Blatt Papier.
Denke an die Groß- und Kleinschreibung!

HALLO KLASSE 3B!

WIR SIND IN DER TÜRKEI UND ES IST TOLL! ES GIBT EINEN LANGEN STRAND UND VIELE BEQUEME LIEGESTÜHLE. HEUTE MITTAG WOLLTEN WIR MIT DEM BOOT AUFS MEER FAHREN, ABER ES WURDE UNS VERBOTEN. DER STURM BLÄST SO KRÄFTIG, DASS ES ZU GEFÄHRLICH IST. SCHWIMMEN DARF MAN AUCH NICHT. SPÄTER SOLL DAS WETTER WIEDER BESSER WERDEN. BIS DAHIN HABE ICH ZEIT, KARTEN ZU SCHREIBEN.

BIS BALD! EUER ANTON

SONNENSCHEINSCHULE
KLASSE 3B
PESTALOZZISTR. 35
84327 NEUHAUS

## 8 Großer oder kleiner Anfangsbuchstabe? Warum?

Setze den richtigen Anfangsbuchstaben ein und schreibe auf, warum er groß- oder kleingeschrieben wird.

S piegel – groß, weil das Wort ein Namenwort ist

___chmecken – ________, weil das Wort ________________

____ie Blumen blühen. – __________, weil das Wort ____________________

____rocken – __________, weil das Wort ____________________

____nna und ____eon – __________, weil die Wörter ____________________

## 9 Buchstabenschlange

Annas heutiges Ferienerlebnis kannst du lesen, wenn du die Buchstabenschlange an den Wortenden abtrennst und die Punkte einfügst.
Schreibe die Sätze anschließend richtig auf ein Blatt Papier.

HEUTE|SIND|ANNAUNDIHREELTERNINDERSTADTANNADA
RFSICHEINGESCHENKAUSSUCHEN,WEILIHRZEUGNISSO
GUTWARSIEÜBERQUERENDIEALTEBRÜCKEUNDSPAZIER
ENNOCHEINSTÜCKWEITERZUDENGESCHÄFTENZUERSTK
ANNANNASICHGARNICHTENTSCHEIDENDOCHDANNSIEH
TSIEPLÖTZLICHETWASIMSCHAUFENSTERUNDRENNTLOS
DASISTES:EINNEUESRADIO

## 10 Zeilendiktat

Nimm ein DIN-A4-Papier und verdecke damit den folgenden Text.
Schiebe das Papier ein Stück nach unten, sodass du nur die oberste Zeile sehen kannst. Schreibe diese Zeile ab.
Schiebe das Papier nun ein weiteres Stück nach unten und schreibe die nächste Zeile ab. Wenn du fertig bist, ist die dritte Zeile an der Reihe und immer so weiter.

### Papas erster Urlaubstag

In der ersten Ferienwoche hat Atasis Papa noch gearbeitet.
Sein Urlaub beginnt erst heute.
Am Morgen wird er trotzdem aus seinen Träumen gerissen.
Müde quält er sich aus dem Bett und geht in die Küche.
Überall im Haus ist es ruhig.
Er hat ein komisches Gefühl. Hier stimmt doch was nicht!
Dann fällt es ihm plötzlich ein: Er hat frei!
Er hat nur vergessen, seinen Wecker auszuschalten.
Schnell geht er zurück nach oben.
Kopfschüttelnd und glücklich kriecht er wieder unter seine Decke.
Morgen geht es mit der ganzen Familie nach Italien.

**Tipp!**
So übst du am besten: Lies die Zeile und merke sie dir. Schreibe sie dann komplett aus dem Gedächtnis auf.

## 11 Diktat

Lasse dir das Diktat Nr. 1 diktieren und schreibe es auf ein Blatt Papier.
Lies dir anschließend das Diktat Wort für Wort rückwärts noch einmal durch.
Dabei hast du die Gelegenheit, Wort für Wort genau anzusehen.

# Ein Tag auf dem Bauernhof – eu/äu, e/ä

Familie Braun hat einen Bauernhof in der Nähe der Sonnenscheinschule. Die Schülerinnen und Schüler der Klasse 3b dürfen zu Besuch kommen und helfen.
Die Kinder sehen die aufgeräumten Gebäude an. Sie geben den Hähnen Futter, damit sie kräftig werden. Leon trägt Heu aus der Scheune. Anton hämmert Nägel in die Zäune und Anna kämmt die Hunde. Herr Braun erklärt die Geburt eines Kälbchens.
Die Drittklasskinder schenken der Familie bunte Blumensträuße und ein kleines Päckchen mit einem gläsernen Kätzchen.

**12 Wörtersuche**

**a** Unterstreiche im Text alle Wörter mit **äu** orange. Es sind fünf.

**b** Welches ist das längste Wort mit **au**? Schreibe es hier auf. ____________________

**c** Notiere alle Wörter mit **eu** auf diese Linie. ____________________

**13 Wortverwandtschaften**

Suche im Text oben zehn Wörter mit äu oder ä. Schreibe sie wie im Beispiel in die Tabelle auf der nächsten Seite. Finde dann jeweils ein verwandtes Wort.

Für „äu“- und „ä“-Wörter gibt es eine sehr einfache Regel.

- Hat das Wort einen Wortverwandten mit **a**, schreibt man **ä**.
  *Beispiel:* der K**a**mm – k**ä**mmen
- Hat das Wort einen Wortverwandten mit **au** schreibt man **äu**.
  *Beispiel:* der Tr**au**m – tr**äu**men
- Gibt es keine Wortverwandten mit au oder a, schreibt man **eu** oder **e**.
  *Beispiele:* d**eu**tlich, Z**e**lt

| äu | | ä | |
|---|---|---|---|
| **Wort im Text** | **verwandtes Wort mit au** | **Wort im Text** | **verwandtes Wort mit a** |
| aufgeräumten | Raum | Hähnen | Hahn |
| | | | |
| | | | |
| | | | |
| | | | |
| | | | |
| | | | |

**Ideenbox:** Hammer – Glas – Kraft – tragen – Kamm – klar – Katze – Zaun – Bauer – Blumenstrauß – packen – Kalb – bauen – nah – Nagel

**14 Verwandt oder nicht verwandt?**

Welche der dargestellten Wörter gehören zur genannten Wortfamilie? Diese schreibt man mit ä/äu, die anderen mit e/eu. Setze jeweils den richtigen Buchstaben ein.

**Wortfamilie backen**

B___ckerei

Schwimmb___cken

B___cken

B___cker

**Wortfamilie Kauz**

K___ze

Kr___z

Kr___zung

K___zchen

## 15 Vorsilben, Nachsilben und Endungen

Baue mit der Wortfabrik Wörter für die Wortfamilie „hängen". Du musst nicht alle Maschinen gleichzeitig benutzen. Schreibe zehn entstandene Wörter auf die Linien.

Wenn du ein Wort mit einer Vorsilbe, einer Nachsilbe oder einer Endung verlängerst, kannst du verwandte Wörter bilden.

- **Vorsilben** sind zum Beispiel: ab-, an-, auf-, aus-, ein-, da-, mit-, nach-, durch-, über-, ver-, vor-
- **Nachsilben und Endungen** sind zum Beispiel: -en, -er, -ig, -lich, -ung, -t

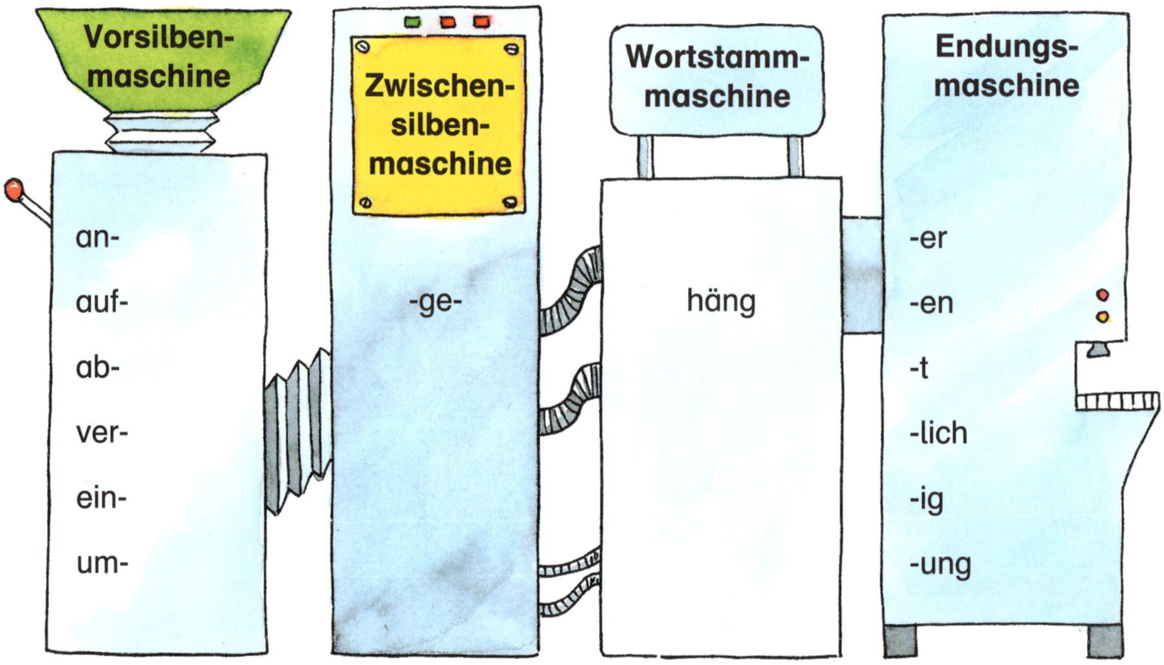

verhängen, angehängt, Aufhänger,

> **Tipp!**
> Grundsätzlich gilt: -lich und -ig sind Endungen für Adjektive (Wiewörter). Adjektive schreibt man immer klein.

## 16 Wörter mit eu

„Eu …“, murmelt Anna halblaut. „Du sprichst fast wie ein Schwein vom Bauernhof!“, lacht Leon. „Nein, ich überlege, wie man das Wort Heu schreibt, ich glaube mit eu.“ „Stimmt!“, antwortet Leon. „Eu, wie das Schweinegrunzen!“

Setze bei dieser Übung anstelle des Schweinchens ein eu ein, schreibe die Wörter auf die Linien und präge dir die Wörter gut ein. Sie haben keine Verwandten, an denen man ihre Schreibung erkennen kann, man muss sie gut üben.

H__ Flugz__g Z__gnis st__ern Sch__ne tr__

__ropa d__tlich F__er B__te Fr__nd

Heu,

## 17 Suchsel

Finde die neun weiteren versteckten Wörter mit ä und markiere sie gelb.

| | | | | | | | | | |
|---|---|---|---|---|---|---|---|---|---|
| W | Ä | H | R | E | N | D | H | P | V |
| C | E | Z | E | R | B | M | O | P | E |
| L | L | T | U | Z | F | Ä | U | C | R |
| Ä | A | T | Z | Ä | E | D | N | C | S |
| R | X | T | R | H | U | C | G | K | P |
| M | R | I | B | L | H | H | E | Ä | Ä |
| T | B | A | I | E | R | E | F | F | T |
| G | T | R | Ä | N | E | N | Ä | I | U |
| F | N | B | Ä | R | A | F | H | G | N |
| Ä | H | N | L | I | C | H | R | R | G |

Schreibe die Wörter aus dem Suchsel auf diese Linien und präge sie dir gut ein.
Sie werden immer mit ä geschrieben, obwohl sie keine Verwandten mit a haben.

Lärm,

## 18 Wortsilben-Chaos

Hier sind die Wortsilben durcheinandergeraten. Finde heraus, wie das Wort richtig heißt und schreibe es wie im Beispiel in die richtige Spalte der richtigen Tabelle.
Schreibe, wenn möglich, den Wortverwandten dazu.

stär ken
ge un fähr
wächs Ge haus
er ren näh
spät Ver ung
ten leuch
te Beu
Mäu se
Wäl der
men träu
te Leu
me Stäm
bäu Ge de
häu fig
Mäd chen
ser Häu

| Wörter mit ä mit Wortverwandten mit a | Wörter mit ä ohne Wortverwandte mit a |
| --- | --- |
| Stämme - Stamm | Mädchen |
| | |
| | |
| | |
| | |

| Wörter mit äu mit Wortverwandten mit au | Wörter mit eu |
| --- | --- |
| häufig - Haufen | leuchten |
| | |
| | |
| | |
| | |

## 19 äu, au, eu, ä oder e?

Setze die richtigen Buchstaben in die Lücken ein. Prüfe vorher, ob es Wortverwandte mit au oder a gibt! Schreibe die Wörter anschließend richtig auf ein Blatt Papier.

| | | | | |
|---|---|---|---|---|
| F___der | ___rgern | ___rztin | B___cker | ___ngstlich |
| ___ßen | Dr___hte | D___tschland | dr___ßen | d___tlich |
| gef___hrlich | Gesch___ft | h___rter | h___fig | L___nder |
| M___nge | N___bel | n___hen | ern___hren | f___rn |
| P___sse | qu___len | n___ | Sch___rfe | Sp___ße |

## 20 Bling-Diktat

**a** Lasse dir das Diktat Nr. 2 diktieren und schreibe es auf ein Blatt Papier. Dies ist ein Bling-Diktat. Vor allen Wörtern mit äu, eu und ä wirst du mit einem Ton zum Nachdenken aufgefordert.

**b** Lasse das Bling-Diktat von deinen Eltern korrigieren.
Schreibe alle Wörter, die nicht richtig geschrieben waren, einmal richtig auf die Linien.
Markiere die Stellen, die du verbessert hast, blau.

## 21 Diktat

**a** Lasse dir das Diktat Nr. 3 diktieren und schreibe es auf ein Blatt Papier.
Lies dir anschließend das Diktat Wort für Wort rückwärts noch einmal durch.
Dabei hast du die Gelegenheit, Wort für Wort genau anzusehen.

**b** Lasse das Diktat von deinen Eltern korrigieren.
Schreibe alle Wörter, die nicht richtig geschrieben waren, ein Mal richtig auf die Linien.
Markiere die Stellen, die du verbessert hast, blau.

**Tipp!**
Wörter, die du falsch geschrieben hast, noch einmal aufzuschreiben und die verbesserte Stelle zu markieren, ist bei allen Diktaten eine gute Idee!

# Die Klassenfahrt – Doppelte Mitlaute, Wortzusammensetzungen

Am Anfang ihrer Klassenfahrt, an einem schönen Sommermorgen, begann die Klasse 3b einen Wandertag. Es war heiß, alle freuten sich auf den schattigen Tannenwald und wollten im Fluss schwimmen. In der Mittagszeit aber begann es zu donnern und eine Gewitterwolke rollte heran. Die Kinder sammelten Teller, Tassen und Sonnenbrillen ein und rannten zum nächsten Baumstamm. „Nicht in den Wald!“, rief Frau Reber schnell, als ein Baum vom Blitz getroffen wurde und vollständig abbrannte. „Das hätte dumm ausgehen können!“, stellte Anna fest.

## 22 Doppelt gemoppelt

Bei den folgenden Wörtern aus dem Text oben fehlen die Doppelkonsonanten (doppelten Mitlaute). Setze sie richtig ein.

Wird ein Vokal (Selbstlaut) kurz ausgesprochen, folgt meist ein **Doppelkonsonant** (doppelter Mitlaut).

*Beispiel:* B ẹ **tt**

kurzer Vokal — Doppelkonsonant

| | | | | |
|---|---|---|---|---|
| So_____ermorgen | Kla_____e | bega_____ | scha_____igen | hä_____e |
| Ta_____enwald | wo_____ten | Flu_____ | schwi_____en | sa_____elten |
| Mi_____agszeit | ste_____te | do_____ern | ro_____te | Te_____er |
| Gewi_____erwolke | Ta_____en | ra_____ten | Baumsta_____ | schne_____ |
| So_____enbri_____en | getro_____en | vo_____ständig | abbra_____te | du_____ |

## 23 Kurz oder lang?

Spreche dir die folgenden Sätze langsam und deutlich vor und höre genau hin. Hörst du den **rot** geschriebenen Vokal (Selbstlaut) lang, dann unterstreiche ihn mit einem Strich. Hörst du ihn kurz, setze einen Punkt darunter.

*Beispiel:* Ofen – offen

Der Nachbar hat Mut bewiesen.
Sie nimmt sich eine Flasche Wasser.
In Sachkunde geht es um die Goten.
Adriano wird ein Stück Kuchen essen.
Der Kater ist im Winter fett geworden.
Im Winter braucht man einen Schal.
Die Sonnenblume hat viele Samen.
Annas Familie plant das Wochenende.

Leon spielt mit seiner Mutter.
Sie füllt ihr Glas mit Apfelsaft.
In Religion sprechen sie über Gott.
Die Hexe sitzt auf einem Besen.
Der Postbote bringt ein Paket.
Der Düsenjet fliegt schneller als der Schall.
Ich sammle Briefmarken.
Der Onkel hatte eine Auto-Panne.

## 24 Reimwörter

Schreibe die Reimwörter auf die Linien.
Die Anfangsbuchstaben helfen dir dabei.

schwimmen stimmen __________

Lamm K__________

Bett Br__________ n__________

Fluss K__________ Sch__________

Kasse T__________ M__________

Kanne T__________ W__________

**Tipp!**
Wenn ein Wort mit Doppelkonsonant geschrieben wird, dann wird auch das Reimwort mit Doppelkonsonant geschrieben.

## 25 Wortfamilien

**a** Suche zu jedem Wort einen oder mehrere Wortverwandte aus dem Kasten und schreibe sie auf. Achtung: Manchmal ändert der Wortstamm seine Form!

fettig · Hoffnung · Herstellung · Kamm · Nummer · biss · hoffentlich · gekannt · bestimmt · kannte · gewonnen · gewann · wissen · weiß · geschüttelt · Skizze · Klettergerüst · schütteln · beißen

Programm – *programmieren*

Fett –

gebissen –

gewinnen –

gewusst –

klettern –

kennen –

kämmen –

hoffen –

herstellen –

schüttelnd –

stimmen –

nummerieren –

skizzieren –

**Tipp!**
Wenn ein Wort mit Doppelkonsonant geschrieben wird, dann werden meist auch Wörter aus der gleichen Wortfamilie mit Doppelkonsonant geschrieben.

**b** Welche Wortverwandten haben keinen Doppelkonsonanten? Kreise sie rot ein.

## 26 Rätsel

Das Gegenteil von dick ist ________________.

Das Kind vom Schaf nennt man ________________.

Beim Bügeln wird die Wäsche ________________.

Nicht links, nicht rechts, sondern in der ________________.

**Tipp!**
*Alle gesuchten Wörter werden mit einem doppelten Konsonanten (Mitlaut) geschrieben.*

## 27 Einfach oder doppelt?

Schreibe die Wörter zu den Bildern auf die Linie. Achte besonders darauf, ob die Wörter mit einem Konsonanten (Mitlaut) oder mit Doppelkonsonant geschrieben werden.

________________

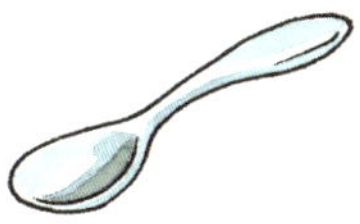
________________

________________

________________

________________

________________

________________

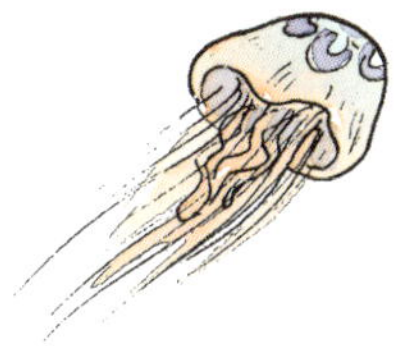
________________

## 28 Zusammengesetzte Nomen (Namenwörter)

Suche aus dem Text auf Seite 12 alle Wörter heraus, die aus zwei Nomen bestehen, und schreibe sie auf die Linien auf der nächsten Seite.
Finde heraus, aus welchen beiden Nomen sie zusammengesetzt sind.
Schreibe wie im Beispiel. Kreise die Doppelkonsonanten rot ein.

Wenn man zwei oder mehr Nomen (Namenwörter) zusammensetzt, entsteht ein neues, **zusammengesetztes Nomen**. Auch das neue Nomen wird großgeschrieben.

- Wenn beim Zusammensetzen zwei oder drei gleiche Buchstaben aufeinandertreffen, werden alle Buchstaben nacheinander geschrieben.
  *Beispiele:* der Nebe**l** + die **L**euchte → die Nebe**ll**euchte
  der Sauersto**ff** + die **F**lasche → die Sauersto**fff**lasche
- Manchmal musst du noch einen zusätzlichen Buchstaben zwischen den zwei Nomen einfügen, die du zusammensetzt.
  *Beispiele:* der Liebling + das Essen → das Liebling**s**essen
  die Tanne + der Baum → der Tanne**n**baum

Klassenfahrt – die Klasse + die Fahrt

– 

– 

– 

– 

– 

– 

**29** **Zusammengesetzte Wörter – verschiedene Wortarten**

Aus welchen Wörtern bestehen die folgenden zusammengesetzten Wörter?

Zusammengesetzte Wörter können nicht nur aus zwei oder mehr Nomen (Namenwörtern) bestehen, sondern auch aus **Verb** (Tunwort) **und Nomen** oder **Nomen und Adjektiv** (Wiewort).

*Beispiele:* reisen + der Verkehr → der Reiseverkehr
das Eis + kalt → eiskalt

**Tipp!** Wenn du weißt, wie die einzelnen Wörter geschrieben werden, weißt du auch, wie du das zusammengesetzte Wort schreiben musst.

Wandertag – 

fehlerfrei – 

Zauberwald – 

spiegelglatt – 

Tanzschritt – 

steinreich – 

**30** **Diktat**

Lasse dir das Diktat Nr. 4 diktieren und schreibe es auf ein Blatt Papier.
Lies dir anschließend das Diktat Wort für Wort rückwärts noch einmal durch.
Dabei hast du die Gelegenheit, Wort für Wort genau anzusehen.

# Mit dem Boot durch den See – Doppelte Selbstlaute, Mitsprechwörter

Leons Onkel ist **Biologe**. In den Ferien beobachtet er mit Anna und Leon die **Natur**. Sie beginnen an einer Quelle in den **Bergen**. Dort wachsen Fichten, Moos, Kiefern und Tannen, auf den Gipfeln der Berge liegt noch etwas Schnee. Es ist warm, aber ein kühler Wind fährt ihnen durch die Haare. Anna, Leon und der Onkel folgen dem Bach, dann fahren sie mit dem Boot durch einen See und entdecken beim Moor ein paar brütende **Enten**. Nach einer Brücke kommen sie in eine kleine Stadt, wo sie mit Kaffee und Tee ihren Durst stillen. Am Nachmittag dürfen die Kinder **baden** gehen.

## 31 Doppelt gemoppelt – Teil 2

Schreibe aus dem Text oben alle Wörter mit doppelten Vokalen (Selbstlauten) in die richtige Spalte der Tabelle.

Wenn in einem Wort zwei Vokale (Selbstlaute) hintereinander stehen, wird dieser **doppelte Vokal** lang gesprochen.
Es gibt nur wenige Wörter mit aa, ee, oo. Wörter mit ii oder uu gibt es gar nicht.

*Beispiele:* Haare, Meer, Moos

| aa | ee | oo |
|---|---|---|
| ____ | ____ | das Moos |
| ____ | ____ | ____ |
| ____ | ____ | ____ |
| ____ | ____ | ____ |

## 32 Wörter mit doppelten Vokalen (Selbstlauten) gesucht!

Bei diesem Text sind Beschreibungen für Wörter mit doppeltem Vokal in Klammern geschrieben. Setze die richtigen Begriffe ein.

Welches (Zweiheit) ____________ Schuhe soll ich heute anziehen?
Im (Sumpf) ____________ kommen wir mit unserem (Kahn) ____________ nicht weit, fahren wir lieber auf den offenen (Gewässer) ____________ hinaus.
Oder hast du eine bessere (Einfall) ____________?

**Tipp!**
Das **Paar** ist ein Nomen, daher schreibst du es groß. Wenn du „einige" meinst, schreibst du ein **paar** klein.

## 33 Einzeln oder doppelt?

Schreibe den oder die fehlenden Buchstaben in die Lücken.

> **Tipp!**
> Es gibt auch Wörter mit lang gesprochenem Vokal, den du nur einmal schreibst. Diese Wörter musst du dir gut merken!

Ein anderes Wort für Auto ist W__a__gen.

Mit der W_____ge messen wir das Gewicht.

Ein anderes Wort für Armee ist H_____r.

Die Mutter ruft: „Komm mal bitte h_____r!“

Der Vogel trägt ein Kleid aus F_____dern.

Mit der Bürste kämme ich meine H_____re.

Am M_____r brauche ich Flossen und einen Sonnenschirm.

Sie k_____men spät nach Hause.

Ein anderes Wort für Sumpf ist M_____r.

Der Fußballer schießt ein T_____r.

## 34 Rätsel

Schreibe die Lösungen auf die Linien. Achte auf die Anzahl der Vokale (Selbstlaute)!

Ist weiß und fällt im Winter: Sch__________

Die Mutter sagt: „Sei heute Abend schön b__________!“

Eine Straße mit Bäumen rechts und links: All__________

Ein vierblättriges soll Glück bringen: Kl__________

Durch Berg und … T__________

Wer fliegt ein Flugzeug? P__________

So ist eine Flasche ohne Inhalt: l__________

Illustrationen: Claudia Bauer

STARK

## 35 Gleiche Familie – und trotzdem anders

Wichtig! Wörter mit Doppelvokalen (doppelten Selbstlauten) ändern manchmal ihre Form.
Suche im Kasten mit der Rätselschrift die passenden Wortverwandten und schreibe sie auf die richtige Linie.

das Härchen die Boote die Säle
das Pärchen die Paare
das Bötchen die Haare

das Paar – 

der Saal – 

das Haar – 

das Boot – 

## 36 Mitsprechwörter

Schreibe die rot gedruckten Mitsprechwörter aus dem Text auf Seite 17 auf die Linien.

**Mitsprechwörter** sind Wörter, die du genau so schreibst, wie du sie sprichst. Beim Schreiben hilft es dir, wenn du die Wörter langsam und genau nachsprichst und dabei alle Silben deutlich betonst.

*der Biologe,*

## 37 Diktat

Lasse dir das Diktat Nr. 5 diktieren und schreibe es auf ein Blatt Papier.
Lies dir anschließend das Diktat Wort für Wort rückwärts noch einmal durch.
Dabei hast du die Gelegenheit, Wort für Wort genau anzusehen.

# Die Hirschkäfer – i/ie

Anna und Leon machen einen Spaziergang. Am Ziel steht eine Kiefer, auf der zwei Hirschkäfer kriechen und sich bekämpfen. Keiner will verlieren. Leon sagt: „Vielleicht kann ich sie trennen, aber das wird schwierig." Er nimmt einen Stiel und versucht, die Käfer auf ein Blatt zu schieben. Doch der Plan geht schief. „Vielleicht sollten wir sie begießen und sehen, was geschieht. Ob sie dann frieren?", fragt er. Anna verbietet ihm das, denn das würde die Tiere nur quälen. Schließlich wiegt sie die Käfer auf einem Blatt in tiefen Schlaf, erst dann herrscht Friede.

## 38 Kurzes oder langes i?

**a** Achte auf den i-Laut bei folgenden Wörtern. Markiere wie im Beispiel ein langes **ie** mit einem Strich und ein kurzes **i** mit einem Punkt.

Ein **langes, betontes i** schreibt man als **ie**.
*Beispiele:* Friede, verlieren, tief

Ausnahmen sind alle Formen von ihr und ihm. Diese werden mit ih geschrieben.

| | |
|---|---|
| schief (Gegenteil von „gerade") | – Schiff (Fahrzeug auf dem Wasser) |
| Lippe (Teil des Mundes) | – Liebe (verliebt sein) |
| Miete (bezahlt man für ein Haus) | – Mitte (nicht rechts oder links) |
| bieten (etwas anbieten) | – bitten („bitte" sagen) |
| Riese (großes Märchenwesen) | – Risse (in einer kaputten Mauer) |
| Riff (Erhebung am Meeresboden) | – rief (Vergangenheit von „rufen") |
| Stiel (Stängel der Blume) | – still (anderes Wort für „ruhig") |

**b** Wiederhole die Übung nun auch im Text oben: langes „ie": Strich, kurzes „i": Punkt.

## 39 Spieglein, Spieglein …

Hier ist das „ie“ gespiegelt. Finde die Wörter heraus und schreibe sie richtig auf.

Krieg ____________________

Spiegel ____________________

niemals ____________________

spazieren ____________________

fließen ____________________

Beispiel ____________________

niemand ____________________

riechen ____________________

**Tipp!**
Auch bei i-Lauten gilt: Wenn sich zwei Wörter reimen, schreibt man sie meist gleich.

## 40 Reimwörter

Finde das passende Reimwort und schreibe es auf die Linie.

| | | | |
|---|---|---|---|
| Ziege | Fl ________ | Bier | T ________ |
| schief | Br ________ | schließen | spr ________ |
| fliegen | b ________ | fließen | g ________ |
| Schiene | B ________ | Dieb | S ________ |
| Ziegel | Sp ________ | Wiesel | K ________ |
| biegen | l ________ | Riese | W ________ |

## 41 Zungenbrecher

Bei diesen Zungenbrechern ist in jedem Wort ein ie. Fülle die Lücken aus und schreibe den vollständigen Satz wie im Beispiel auf die Linie.

D____ l____be Mar____ n____st. *Die liebe Marie niest.*

D____ T____re fr____ren v____l. ____________________

Z____gen l____ben W____sen. ____________________

Fl____gen l____ben Z____gen. ____________________

## 42 Lang gesprochen, aber einfach geschrieben

Bilde aus den Wortanfängen und der Endung -ine Ausnahmewörter mit langem i und schreibe sie auf die Linien. Kreise das i orange ein.

Bei manchen Wörtern hört man ein **langes i**, schreibt aber trotzdem ein **einfaches i**. Diese Wörter musst du dir gut merken.

*Beispiele:* Bibel, Tiger, Delfin, Kamin, Krokodil, Wörter mit **-ine**

Gard- Ros- Margar- Vitam- Apfels- Mandar- Kant- Masch-

Gardine,

## 43 Welche Tiere sind das?

Schreibe das richtige Wort unter das Bild.

## 44 i oder ie?

Setze richtig in die Lücken ein.

Achtung: Es hat sich eine Ausnahme eingeschlichen! Hier spricht man ein langes i, schreibt aber trotzdem nur i. Kreise dieses Wort farbig ein.

| | | | | |
|---|---|---|---|---|
| l___nks | r___chtig | Pap___r | w___ld | w___chtig |
| Fl___ge | bl___nd | Br___f | Sch___ne | Kam___n |
| Z___l | F___chte | r___chen | Käf___g | P___lz |

## 45 Diktat

Lasse dir das Diktat Nr. 6 diktieren und schreibe es auf ein Blatt Papier.

# Auf dem Bahnhof – Dehnungs-h, silbentrennendes h

Anna, Leon und ihre Klasse gehen heute mit der Lehrerin auf den Bahnhof. Frau Reber führt die Kinder über den Bahnsteig und erklärt, was hier jeden Tag geschieht. Zahlreiche Züge fahren auf den Gleisen und diese liegen nah beieinander. „Bei der Arbeit der Zugführerinnen und Zugführer dürfen keine Fehler passieren, sonst wird es schnell gefährlich“, erklärt Frau Reber. Während sie noch mehr erzählt, über die Drähte über den Schienen und die geheimnisvollen Signale, dreht sich Tom um und betrachtet einen stehenden Zug genauer. „Irgendwie“, denkt er sich, „sehen die sich alle sehr ähnlich.“

## 46 Wörter mit Dehnungs-h

Genau wie im Text findest du im Kasten unten jede Menge Wörter mit **h**.
Sortiere die Wörter aus dem Kasten anhand der Buchstaben, die nach dem h kommen, wie im Beispiel in die Tabelle auf der nächsten Seite ein. (Manche Felder bleiben leer.)

Ein langer Vokal (Selbstlaut) kann durch ein **Dehnungs-h** gekennzeichnet werden.
Da nicht jedes Wort mit langem Vokal mit Dehnungs-h geschrieben wird, muss man diese Wörter gut üben.

*Beispiele:* Bahn, ohne

**Tipp!**
Dehnungs-h, das merke schnell, steht oft vor m, n, r und l.

Zahl Höhle ihr Stuhl ähnlich ungefähr rühren lehnen
Huhn Lehm Föhn Bühne Zahn ihn
Bohne ihm Vorfahrt Uhr ehrlich fühlen Fehler vermählen
hohl Möhre zähmen lahm bohren Ruhm

| vor dem h steht: | nach dem h kommt ein l | nach dem h kommt ein m | nach dem h kommt ein n | nach dem h kommt ein r |
|---|---|---|---|---|
| a | Zahl | | | |
| e | | | | |
| i | | | | |
| o | | | | |
| u | | | | |
| ä | | | | |
| ö | | | | |
| ü | | | | |

## 47 Kreuzworträtsel

Achtung: Verwechslungswörter! Auch diese musst du dir gut merken!

| | | | | |
|---|---|---|---|---|
| der **Wal** | das Tier | → | die **Wahl** | des Bürgermeisters |
| das **Meer** | der Ozean, das Mittelmeer | → | **mehr** | ich habe mehr Geld |
| es **war** | Vergangenheit von sein | → | es ist **wahr** | nicht gelogen |
| **leeren** | den Mülleimer leeren | → | **lehren** | unterrichten |
| die **Urzeit** | Zeit, in der die Erde entstanden ist | → | die **Uhrzeit** | Stunden und Minuten |
| **malen** | ein Bild malen | → | **mahlen** | in der Mühle Korn mahlen |

eierlegendes Haustier:

Gegenteil von „angenehm“:

Gegenteil von „traurig“:

Kind vom Pferd:

darauf sitzt man am Tisch:

Gegenteil von „weniger“:

Gegenteil von „mit“:

Mann, der Schüler unterrichtet:

anderes Wort für „Karotte“:

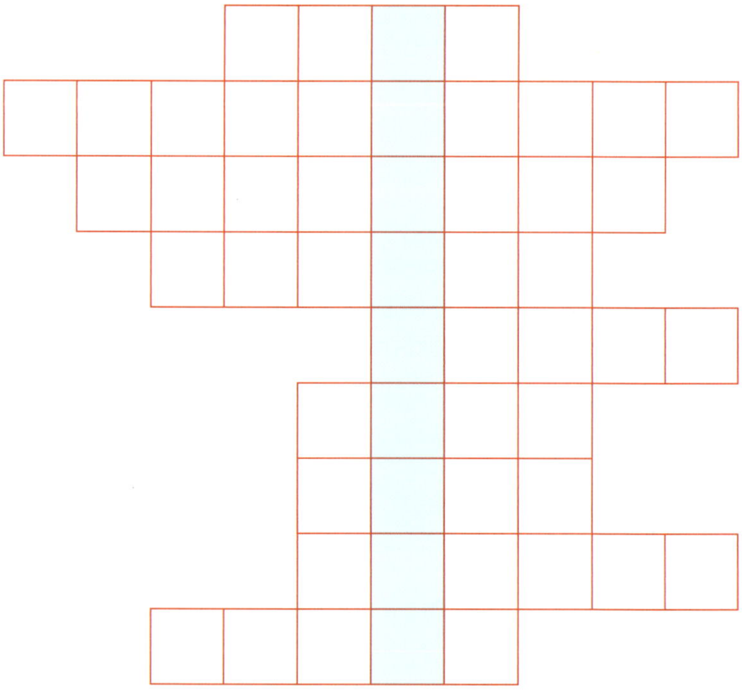

Lösungswort, von oben nach unten gelesen: ______________________

## 48 Quatsch-Sätze

Diese Sätze sind durcheinandergeraten. Ordne sie wie im Beispiel durch Pfeile.
Schreibe die Sätze anschließend richtig auf die Linien.

| | |
|---|---|
| Zwillinge sehen sich | ehrlich. |
| Ein ausgefallener Milchzahn ist | ähnlich. |
| Der Finder des Geldes war | hohl. |
| Die Kinder hatten keine Lust | lahm. |
| Das Pferd war auf einem Bein | kahl. |
| Über die Blumen freut sich Mama | mehr. |
| Im Winter sind die Bäume | sehr. |

## 49 Reimwörter

Finde die passenden Reimwörter und schreibe sie auf die Linien.

| Bahn | kahl | mahlen |
|---|---|---|
| H | Pf | z |
| Z | St | pr |
| K | W | str |

## 50 Wo steht das h?

Diese Wortpaare sehen fast gleich aus, aber wenn man sie genau spricht, kann man Unterschiede beim h erkennen: stehen – stehlen, Höhe – Höhle.

In unserer Rechtschreibung gibt es zwei Arten von **h**.

- Das **Dehnungs-h**
  Das kennst du schon. Es dient dazu, den langen Vokal (Selbstlaut) oder langen Umlaut zu kennzeichnen.
  *Beispiele:*
  stehlen, Mühle
- Das **silbentrennende h**
  Es dient dazu, zwei Vokale voneinander zu trennen.
  *Beispiele:*
  ste-**h**-en, Re-**h**-e

**Tipp!**
Wenn das h zur zweiten Silbe gehört, ist es silbentrennend.

Setze die Wörter „stehen“, „stehlen“, „Höhe“ und „Höhle“ richtig in die vier Merksätze ein.

**a** Bei *stehlen* und ________ steht das h nach einem langen Vokal (Selbstlaut) oder Umlaut und vor einem Konsonanten (Mitlaut). Das h dehnt den Vokal.

**b** Bei ________ und ________ steht das h nach einem langen Vokal oder Umlaut und vor einem anderen Vokal. Das h trennt die Silben.

**c** Bei ________ und ________ gehört das h zur ersten Silbe.

**d** Bei ________ und ________ gehört das h zur zweiten Silbe.

## 51 Dehnungs-h oder silbentrennendes h?

**a** Unterstreiche im Text auf Seite 23 alle Wörter mit Dehnungs-h (wie bei „Höhle“) und kreise alle Wörter mit silbentrennendem h (wie bei „Höhe“) ein.

**b** Ordne nun die Wörter aus dem Kasten richtig in die Tabelle auf der nächsten Seite ein.

bohren
ähnlich fühlen Stuhl Ruhe
drehen
fröhlich Nähe glühen
nähen geheim ehrlich
mehr ungefähr Lehrer Rehe geschehen
sehr
Lohn kühl ohne Fehler

| Wörter mit Dehnungs-h | Wörter mit silbentrennendem h |
| --- | --- |
| Höhle | Höhe |
| | |
| | |
| | |
| | |
| | |
| | |
| | |
| | |
| | |
| | |
| | |
| | |
| | |
| | |

**52** **Ab in die Verlängerung!**

Wie werden die Wörter geschrieben? Kreise das richtige Wort ein, streiche das falsche Wort durch und begründe.

- Wenn du nicht weißt, wie ein Wort am Ende geschrieben wird, hilft es dir oft, es zu **verlängern** und dabei ganz genau hinzuhören.
  Das gilt nicht nur beim h, sondern auch bei anderen Konsonanten (Mitlauten).
  *Beispiele:* Re**h** – Re**h**e, Ra**d** – Rä**d**er, Die**b** – Die**b**e
- Wenn der Konsonant, bei dem du dir nicht sicher bist, im Wort steht, hilft es dir oft, das Wort in die **Grundform** zu setzen.
  *Beispiele:* sie**h**t – se**h**en, erlau**b**t – erlau**b**en

| | | | | | | | |
| --- | --- | --- | --- | --- | --- | --- | --- |
| Brand | ~~Brant~~ | wegen | Brände | Pfert | Pferd | wegen | |
| Zee | Zeh | wegen | | nakt | nagt | wegen | |
| wilt | wild | wegen | | geht | geet | wegen | |
| Sieg | Siek | wegen | | Band | Bant | wegen | |
| Siep | Sieb | wegen | | Kriek | Krieg | wegen | |

## 53 Dehnungs-h oder kein Dehnungs-h?

Ist der Vokal (Selbstlaut) oder Umlaut kurz? Dann male einen Punkt unter den Buchstaben und lasse die Linie leer.
Ist der Vokal oder Umlaut lang? Dann unterstreiche den Buchstaben und ergänze das h.

Ba_h_n – Ba__nn

fü__llen – fü__len

Wa__ll – Wa__l

Gefa__ren – gefa__llen

Mü__le – Mü__ll

Ke__lle – Ke__le

**Tipp!**
Denke daran:
Vor einem Doppelkonsonanten (doppeltem Mitlaut) steht **nie** ein Dehnungs-h!

## 54 Lückentextdiktat

Lass dir das Diktat Nr. 7 diktieren. Bei diesem Diktat werden alle Wörter gesprochen, aber du musst nur die Wörter schreiben, die in die Lücken gehören.

Zusammen mit ihrer __________ __________ die Kinder heute mit der __________. In der __________ __________ sie Blumen __________ und in der Ferne, am Waldrand, ein paar __________. Die Landschaft __________ schnell vorüber, __________ schaffen sie es nicht, die Tiere zu __________. __________ aber waren es sieben. Das Ziel kommt __________ und Anna, Leon und ihre Freunde sitzen __________ auf ihren __________. Lea beginnt vor lauter Freude, sich im Kreis zu __________. Auch die anderen Kinder werden __________, so __________ freuen sie sich über ihren Ausflug zur alten Wasser__________. __________ sie heute Nachmittag nach Hause zurück__________, werden sie ein paar schöne und spannende Stunden zusammen erleben.

## 55 Diktat

Lasse dir das Diktat Nr. 8 diktieren und schreibe es auf ein Blatt Papier.
Lies dir anschließend das Diktat Wort für Wort rückwärts noch einmal durch.
Dabei hast du die Gelegenheit, Wort für Wort genau anzusehen.

# Der Vogel auf der Veranda – v/f

Die Klasse 3 b macht eine Lesenacht in der Schule. Vor dem Einschlafen erzählen sich die Kinder Kriminalrätsel. Alle finden Annas Geschichte am besten:
„Ein Vogel war auf der Veranda in einem Käfig neben einer Vase mit Wasser. Als die Hausfrau nach Hause kam, war der Käfig umgestürzt und leer und die Vase zerbrochen. Am Haus gab es keine Einbruchsspuren. Was war passiert?“

Leon hat eine Idee und schlägt vor:

„Es regnete und hinter der Villa kam vorsichtig ein Fuchs zwischen den Fichten hervor. Nass und verschmutzt ging er auf die Veranda. Dort saß ein Vogel im Käfig, der brav und fröhlich sang. Der Fuchs verlor durch die feuchten Pfoten den Halt und rutschte gegen den Käfig. Dieser fiel um, die Tür ging auf und bevor der Fuchs den Vogel verletzen konnte, flog der gefiederte Freund in die Freiheit. Die volle Vase, die die Hausfrau vergessen hatte, fiel auf den Boden und zerbrach.“

**56 Auf der Suche nach V/v und F/f**

Finde in Leons Erzählung (dem unteren Teil des Textes) alle Wörter, in denen ein **f** oder **v** vorkommt. Unterstreiche Wörter mit f orange und Wörter mit v grün.

## 57 Jetzt wird sortiert!

Schreibe die gefundenen Wörter mit v aus Nr. 56 in der Grundform in die richtige Spalte.

- Das **f** hört sich immer an wie **f**. Das **v** kann sich anhören wie **f** oder **w**.
- Die Vorsilbe **ver**- und der Wortbaustein **vor** werden immer mit v geschrieben. *Beispiele:* **ver**laufen, **vor**sehen, be**vor**
- Da es für die Rechtschreibung von v und f sonst keine klare Regel gibt, muss man die Wörter mit v gut üben und auswendig lernen.

| Wörter mit v, das wie f klingt | Wörter mit v, das wie w klingt |
|---|---|
| vorsichtig | Villa |
| | |
| | |
| | |
| | |
| | |
| | |
| | |
| | |
| | |

## 58 Wörter mit f

Schreibe auf diese Zeilen alle Wörter mit f, die du in Leons Erzählung gefunden hast. Wörter, die mehrmals vorkommen, musst du nur einmal aufschreiben.

## 59 Vorsilben ver- und vor-

Bilde aus dem ersten Rad Wörter, die mit ver- beginnen, und aus dem zweiten Rad Wörter, die mit Vor- beginnen.
Achte auf die Groß- und Kleinschreibung!

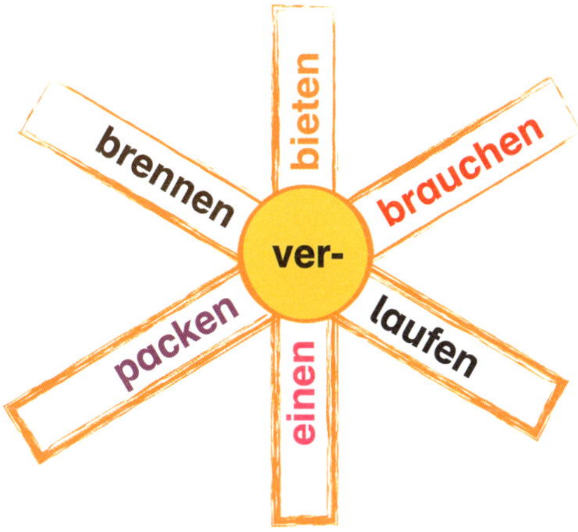


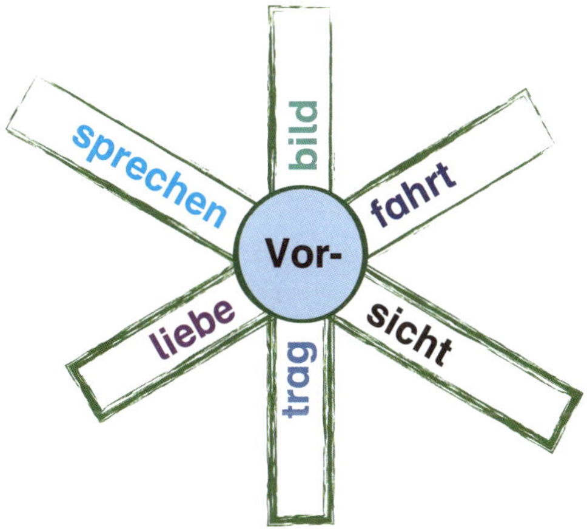


## 60 Rätsel

Schreibe die passenden Lösungswörter auf die Linien.

Achtung: Die Wortanfänge einiger Wörter und ihrer Wortverwandten klingen wie die Vorsilben ver- und vor-, sind es aber nicht! Sie werden mit **f** geschrieben.
Präge dir diese Wörter gut ein!

*Beispiele:* fertig, Ferse, Forscherin, fern, Ferkel, Ferien, fordern, formen, Forst, fort

Das Kind vom Schwein: ______________________________

Der hintere Teil des Fußes: ______________________________

Ein anderes Wort für „beendet“: ______________________________

Eine Wissenschaftlerin, die neue Sachen entdeckt: ______________________________

Das Gegenteil von „nahe“: ______________________________

Das Schönste an der Schulzeit: die Pause und die ______________________________

Teig: Daraus ____________________ der Bäcker seine Brote.

Das Gegenteil von herkommen: __________gehen

## 61 Lückentext

Hier fehlen überall Wörter, die mit v beginnen. Schreibe sie auf die Linien.

a Maria kommt direkt ________________ Bäcker und hat der Mutter Kuchen mitgebracht.

b „Bitte, bitte!", bettelt die kleine Schwester. „Darf ich im Auto ________________ sitzen?"

c Lutz hat zum Geburtstag ________________ tolle Geschenke bekommen.

d Die Mutter und der ________________ gehen gemeinsam spazieren.

e Es hat aufgehört zu regnen. ________________ kommt sogar die Sonne noch raus.

f Fabian zählt seine Mitspieler: „Eins, zwei, drei, ________________ – es sind alle da!"

**Tipp!**
Wenn du eine große Menge meinst, schreibst du **viel** mit v. **Fiel** mit f ist die Vergangenheit von **fallen**.

## 62 F/f oder V/v?

Schreibe den richtigen Buchstaben in die Lücke.

Das ___ahrrad hat ein Loch im ___orderen Rei___en, er ___erliert Lu___t.

___ielleicht kann der ___ater es ___licken, wenn er um ___ier Uhr ___om Sport___erein nach Hause kommt.

Er ist ___on Beru___ ___ern___ahrer und lie___ert ___iele ___erpackungen.

In seinem ___ahrzeug hat er sogar einen ___ernseher, aber er hat nicht immer ___or___ahrt.

In den ___erien dar___ seine Tochter ___eronika auch mal im ___ührerhaus mit___ahren.

___orher muss sie aber ihr Zimmer au___räumen und bra___ sein.

## 63 Diktat

Lasse dir das Diktat Nr. 9 diktieren und schreibe es auf ein Blatt Papier.
Lies dir anschließend das Diktat Wort für Wort rückwärts noch einmal durch.
Dabei hast du die Gelegenheit, Wort für Wort genau anzusehen.

# Leons Kindergeburtstag – s/ß/ss

An Leons Geburtstag machen die Kinder eine Schnitzeljagd. Sie bekommen eine interessante Karte und einen Schlüssel, der zu einer Kiste passt. Sie gehen nach draußen, messen Schritte, überqueren die Straße und benutzen den mit Flüssigkeit gefüllten Kompass. Sie kommen an einen Nussbaum, dort müssen sie bloß die Zweige ein bisschen heben und finden die Kiste. Leider stolpert Leon und fällt in den Fluss. Leon ist nass und der Schlüssel weg. Sie werden nie wissen, ob Süßigkeiten in der Kiste sind.

## 64 Wörtersuche

**a** Finde im Text oben die vier Wörter mit **ß**.

______________________________

**b** Welches ist im Text oben das längste Wort mit **ss**? Schreibe es hier auf.

______________________________

## 65 Summendes s?

Kreuze bei den folgenden Wörtern an. Kann man das „s" summen?

- Wenn du das s summen kannst, schreibst du **s**.
  *Beispiele:* Hose, Hase, Rose, lesen
- Wenn du das s nicht summen kannst, schreibst du **ß**, wenn es nach einem **lang gesprochenen Vokal** (Selbstlaut), einem **lang gesprochenen Umlaut** (ä, ö, ü) oder nach einem **Doppellaut** (au, äu, ei, eu) steht.
  *Beispiele:* Fuß, grüßen, fleißig
- Wenn du ein s nicht summen kannst, schreibst du **ss**, wenn es nach einem **kurz gesprochenen Vokal** (Selbstlaut) oder einem **kurz gesprochenen Umlaut** steht.
  *Beispiele:* passen, küssen

| | Ja, man kann es summen. | Nein, man kann es nicht summen. |
|---|---|---|
| besser | ☐ | ☐ |
| vergessen | ☐ | ☐ |
| Wiese | ☐ | ☐ |
| Speise | ☐ | ☐ |
| Meise | ☐ | ☐ |
| leise | ☐ | ☐ |
| Kuss | ☐ | ☐ |
| Rose | ☐ | ☐ |
| fraß | ☐ | ☐ |
| bloß | ☐ | ☐ |

**66 Lang oder kurz?**

Ist der rote Vokal (Selbstlaut) vor dem s lang oder kurz?
Markiere den langen Vokal mit einem Strich und den kurzen Vokal mit einem Punkt.
Schreibe die Wörter dann alle selbst noch einmal auf.

fressen – fraß – riss – nass – Gras – Glas – Nase – Fuß –

passen – Maß – gegossen– grüßen – Messer

**Tipp!**
Um den s-Laut richtig schreiben zu können, ist es wichtig, ganz genau auf den Laut und den Vokal davor zu hören.

**67 Reimwörter**

Finde die passenden Reimwörter und schreibe sie auf die Linien.

Rüssel Sch
schließen fl
sprießen g
Stoß Fl
Fass n
Kasse T

**Tipp!**
Nicht vergessen: Wenn sich zwei Wörter reimen, schreibt man sie meist gleich.

## 68 ß oder ss?

Bei den folgenden Verben (Tunwörtern) ändert sich die s-Schreibung innerhalb der Wortfamilie. Schreibe die Wörter aus dem Kasten in die richtige Spalte.

essen – aß – maß – messen – gießen – goss – beißen – biss – wissen – weiß – fraß – fressen – lassen – ließ – schließen – schloss

| Wörter mit langem Vokal (Selbstlaut) oder Doppellaut und ß | Wörter mit kurzem Vokal und ss |
|---|---|
| *aß* | *essen* |

## 69 Was ist das?

Schreibe die Wörter zu den Bildern auf die Linien. Achte auf den s-Laut!

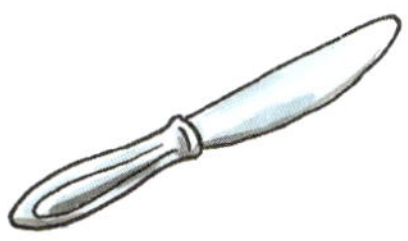

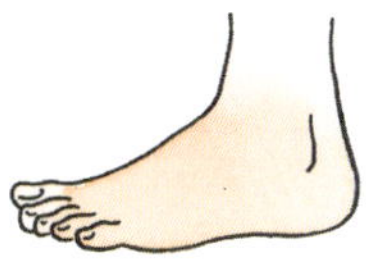

**70** **Leon bei der Feuerwehr**

ss oder ß? Setze richtig in die Lücken ein.

Nach der Schnitzeljagd besuchen die Kinder Leons Onkel, der bei der Feuerwehr arbeitet. Die Drittkla_____kinder dürfen dort ein bi_____chen bei der Arbeit zusehen. Bald mü_____en die Frauen und Männer zu einem Brand in der Nähe vom Flu_____. Die Feuerwehr löscht das gro_____e Haus flei_____ig von au_____en und innen. Plötzlich gie_____t es wie aus Kübeln. Der Himmel ist ihnen zur Hilfe gekommen.

**71** **s, ss oder ß?**

Setze richtig in die Lücken ein.

Leons Onkel erzählt, da_____ sogar schon einmal ein gro_____es Schlo_____ gebrannt hat.

Es war ein ei_____iger Tag und sie mu_____ten Wa_____er aus dem kalten Flu_____ pumpen.

Das Feuer war so hei_____, da_____ sogar das Gla_____ der Scheiben splitterte.

Die Feuerwehr des Landkrei_____es löschte sehr gut.

Am Ende war nicht viel verbrannt, nur der Ballsaal war etwa_____ ru_____ig und das Spei_____ezimmer na_____.

Am nächsten Tag suchte die Polizei nach Bewei_____en für Brandstiftung.

Das Gra_____ und die Ro_____en musste man nicht mehr gie_____en.

**72** **Schleich-Diktat**

Schreibe die folgenden Sätze auf ein Linienpapier und schneide sie entlang der Linien aus. Lege je einen Satzstreifen an einen Platz in eurer Wohnung. Schleiche zum ersten Satz hin. Präge ihn dir gut ein. Schleiche zu deinem Platz zurück und schreibe den Satz aus dem Gedächtnis auf ein Blatt. Dann geht's weiter mit dem nächsten Satz.

Die Kinder bekommen eine interessante Karte und einen Schlüssel.

Sie gehen nach draußen, messen Schritte und nutzen den Kompass.

Am Fluss finden sie eine Kiste mit Nüssen und Rosinen.

Süßigkeiten wären besser gewesen.

**73** **Diktat**

Lasse dir das Diktat Nr. 10 diktieren und schreibe es auf ein Blatt Papier.
Lies dir anschließend das Diktat Wort für Wort rückwärts noch einmal durch.
Dabei hast du die Gelegenheit, Wort für Wort genau anzusehen.

## In der Tierklinik – tz/z, ck/k

Leons Katze Fritzi ist krank. In letzter Zeit isst sie nichts, weckt Leon nicht mehr auf, putzt sich nicht mehr und sitzt nur noch auf der Decke. Leon geht in die Tierklinik. Dort blickt der Tierarzt nachdenklich auf Fritzis Tatze. Hinter einer Kralle steckt ein schmutziges Stück Holz, die Stelle ist rot und dick. Deshalb war die Katze so krank. Mit einer spitzen Pinzette zieht der Arzt das Holz heraus, trocknet die Verletzung und macht einen Druckverband. Fritzi bekommt noch eine Spritze, dann geht es ihr wieder gut. Glück gehabt!

### 74 Suche im Text!

**a** Unterstreiche im Text alle **tz**-Wörter grün. Es sind dreizehn.

**b** Unterstreiche im Text alle **ck**-Wörter orange. Es sind neun.

**c** Zwei **tz**-Wörter kommen in gleicher Form zweimal vor. Welche? Schreibe sie auf. ______________________

**d** Welches **ck**-Wort im Text reimt sich auf „Glück“? ______________________

### 75 Wortverwandte finden

Suche im Text Wortverwandte zu diesen Wörtern. Schreibe sie auf die Linien.

| | | | |
|---|---|---|---|
| Sitzplatz – | sitzt | Wecker – | ______ |
| zudecken – | ______ | Blick – | ______ |
| Schmutz – | ______ | Dickhäuter – | ______ |
| Spitze – | ______ | trocken – | ______ |
| verletzen – | ______ | drücken – | ______ |

## 76 ck oder tz?

Setze ck oder tz ein. Markiere den kurzen Vokal (Selbstlaut) mit einem Punkt.

Du weißt bereits, dass nach einem kurzen Vokal (Selbstlaut) oder Umlaut ein Doppelkonsonant (doppelter Mitlaut) folgt, zum Beispiel bei Teller, Messer oder dünn.

Es gibt aber Konsonanten, die dürfen im Deutschen nicht doppelt stehen, nämlich z und k.
Statt „zz“ und „kk“ schreibst du „**tz**“ und „**ck**“.
*Beispiele:* Schmu**tz**, Verste**ck**

**Tipp!**
Nach l, m, n, r,
das merk' dir ja,
steht nie tz und
nie ck.

Für die Verwendung von z/tz und k/ck gelten folgende Regeln:

- Nach einem kurzen Vokal (Selbstlaut) steht tz / ck. *Beispiel:* Ka**tz**e, Ja**ck**e
- Nach einem langen Vokal steht z / k. *Beispiel:* Dezember, Lo**k**omotive
- Nach Doppellauten (äu, au, eu, ei) steht z / k. *Beispiel:* Kreu**z**ung, Schau**k**el
- Nach einem Konsonanten steht immer z / k. *Beispiel:* Hol**z**, Wer**k**

| | | | | |
|---|---|---|---|---|
| Blo ck | zurü____ | drü____en | entwi____eln | me____ern |
| Schre____ | zule____t | mo____en | bese____t | Schu____ |
| le____ter | Perü____e | verle____t | Pfü____e | De____el |
| pflü____en | We____er | Ta____e | kra____en | Fle____ |

## 77 Was ist richtig?

Hier haben sich Fehler eingeschlichen.
Streiche die falschen Wörter so durch, dass man sie nicht mehr lesen kann, und begründe, warum man die Wörter so und nicht anders schreibt.

| | | | | |
|---|---|---|---|---|
| Arzt | ~~Artzt~~ | nach | einem Konsonanten | steht z |
| Holtz | Holz | nach | ____ | steht ____ |
| Schmerz | Schmertz | nach | ____ | steht ____ |
| schmatzen | schmazen | nach | ____ | steht ____ |
| Grenze | Grentze | nach | ____ | steht ____ |
| heitzen | heizen | nach | ____ | steht ____ |
| spatzieren | spazieren | nach | ____ | steht ____ |

**78 Kreuzworträtsel**

Setze Wörter mit ck oder tz ein.

1 Wenn einem sehr warm wird, muss man …

2 Über diese kommt man auf die andere Seite des Flusses.

3 Ein Dromedar hat einen …, ein Trampeltier hat zwei.

4 Damit es Kuchen wird, muss man den Teig …

5 Das kommt bei einem Gewitter vor dem Donner.

6 Nicht der Erste, sondern der …

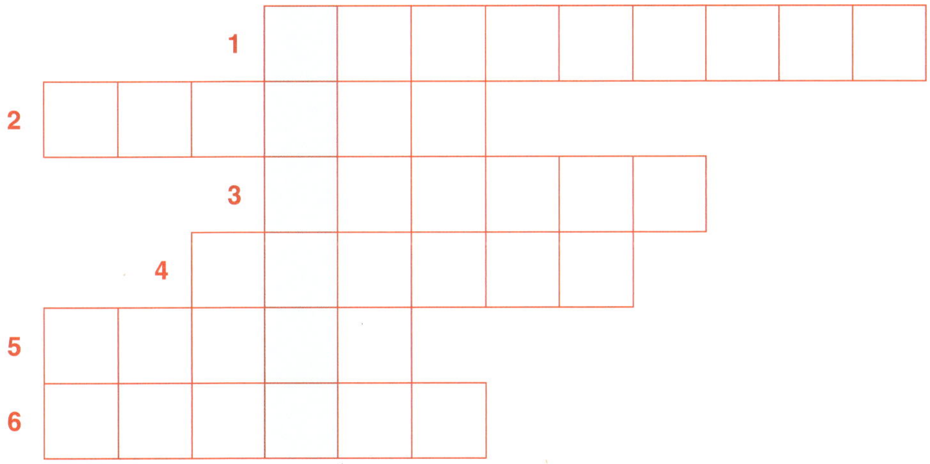


Wenn du die markierten Felder von oben nach unten liest, erfährst du, was manchmal auf einsamen Inseln vergraben ist: ______________________

**79 Reimwörter**

Suche wie im Beispiel immer drei Reimwörter und schreibe sie in die Zeilen auf der nächsten Seite. Markiere jedes tz grün und jedes ck orange.

sitzen Witz drucken Fleck
zucken
schwitzen spritzen Spatz
Mücke Dreck Brücke
spitz
Blitz
Platz Stücke spucken Schreck Satz

drucken – spucken – zucken

______ – ______ – ______

______ – ______ – ______

______ – ______ – ______

______ – ______ – ______

______ – ______ – ______

## 80 tz oder z?

Ker____e

Ka____e

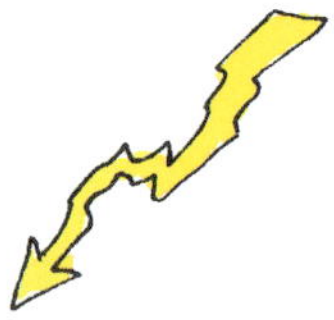
______

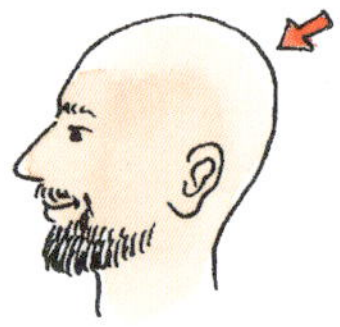
______

______

______

______

______

## 81 ck oder k?

Pau____e

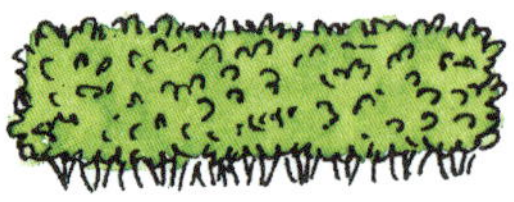
He____e

______

______

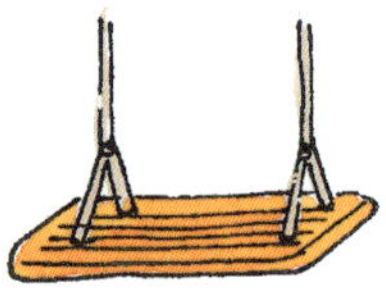
______

______

______

______

## 82 Diktat

Lasse dir das Diktat Nr. 11 diktieren und schreibe es auf ein Blatt Papier.

Mathematik | Deutsch | Englisch
Grundschule
Das Gute-Noten-Programm für die Grundschule
TOP VORBEREITET:
Von der 1. Klasse bis zum Übertritt an weiterführende Schulen
LESEKOMPETENZ
Deutsch 4. Klasse
VERA 3
MATHEMATIK 1. Klasse
Rechnen
DIKTATE und RECHTSCHREIBUNG
1.–4. Klasse
ENGLISCH 3. Klasse
Grundwissen
STARK
www.stark-verlag.de
Illustrationen: deezaat (Thinkstock.com)

# Tipps zum Üben

Liebe Eltern,
mit dem jeweils ersten Text in jedem Kapitel können Sie noch zusätzlich mit Ihrem Kind üben, er bereitet ideal auf das Diktat am Ende des Kapitels vor. Und natürlich können Sie mit diesem Text auch nach dem Beenden eines Kapitels die Rechtschreibung weiter trainieren.

Folgende Diktatformen machen auch Kindern Spaß:

1. **Nur die schwierigen Wörter**
   Ihr Kind unterstreicht im Text alle Wörter, die es schwierig findet, Sie diktieren nur diese.
   *Pädagogischer Hintergrund:* Oft können Kinder ihre Schwächen sehr gezielt einschätzen. Nur wenige Wörter und nicht den ganzen Text schreiben zu müssen, motiviert zusätzlich.

2. **Abwechseln**
   Sie diktieren Ihrem Kind einen Satz – dann wird abgewechselt und das Kind darf Ihnen einen Satz diktieren.
   *Pädagogischer Hintergrund:* Es wird wie bei einem klassischen Diktat diktiert und geübt. Durch den Tausch der Rollen wird das Kind besonders motiviert und beim lauten Diktieren werden die Wörter genau gelesen und in ihrer Gestalt verinnerlicht.

3. **Mäuschendiktat**
   Ihr Kind schreibt den Diktattext auf ein Blatt Papier ab. Dann zerknüllt es das Papier und „nagt" als Mäuschen Fetzen aus dem Papier, reißt also kleine Stückchen heraus. Die Wörter, die dann fehlen, schreibt es noch einmal auf ein neues Blatt Papier.
   *Pädagogischer Hintergrund:* Ein Papier zerknüllen und Teile abreißen zu dürfen, macht Kindern erfahrungsgemäß großen Spaß und motiviert zum Üben.

4. **Streifendiktat**
   Ihr Kind oder Sie schreiben jeden Satz des Textes auf jeweils einen Papierstreifen. Diese können
   a) in der Wohnung verteilt, gesucht und dann abgeschrieben werden.
   b) einzeln aus der Hand gezogen („ausgelost") und dann diktiert werden.
   *Pädagogischer Hintergrund:* Ein einzelner Satz ist für das Kind leichter zu überschauen als ein ganzer Text. Durch das Merken bis zum Aufschreiben bleiben die Wörter im Gedächtnis gespeichert. Bewegung unterstützt das Lernen und spielerische Elemente unterstützen die Freude am Lernen.

5. **Rückwärtsdiktat**
   Sie diktieren Ihrem Kind den Text Wort für Wort rückwärts.
   *Pädagogischer Hintergrund:* Die Aufmerksamkeit wird weg vom Satz auf jedes einzelne Wort gerichtet, Fehler werden so gezielter wahrgenommen.

6. **Kommentiertes Diktat**
   Sie diktieren Ihrem Kind den Text wie gewohnt, kommentieren aber schwierige oder neue Wörter, z. B.: „Hämmern schreibt man mit ä, weil es von Hammer kommt."
   *Pädagogischer Hintergrund:* Diese Diktatform sensibilisiert Kinder dafür, Fehlerquellen zu erkennen, und entlastet bei einer großen Fehlerangst. Darüber hinaus werden Rechtschreibregeln vertieft und angewendet.

7. **Fragediktat**
   Sie diktieren Ihrem Kind den Text, es darf bei Unsicherheiten aber fragen, wie das Wort geschrieben wird.
   *Pädagogischer Hintergrund:* Diese Diktatform sensibilisiert Ihr Kind dafür, eigene Schwachpunkte zu erkennen, und entlastet ebenfalls bei einer großen Fehlerangst. Die eigenen Fehlerschwerpunkte werden gezielt in der Lernsituation geübt.

8. **Frühstücksdiktat**
   Sie diktieren Ihrem Kind jeden Morgen einen Satz/fünf schwierige Wörter.
   *Pädagogischer Hintergrund:* Mit dieser Diktatform wird ohne großen Zeitaufwand kontinuierlich ein Wortschatz aufgebaut. Durch das regelmäßige Wiederholen wird das Gelernte ins Langzeitgedächtnis aufgenommen.

# Endlich Ferien! – Groß- und Kleinschreibung

**1** Liebes Tagebuch!
Meine Ferien sind immer noch toll! Wir haben viel Spaß und erleben spannende Sachen. Eben sind wir von einem Spaziergang zurückgekommen. Wir waren mit Tante Daniela am Fluss. Plötzlich ging ein Gewitter los. Es hat geblitzt, gedonnert und richtig gegossen. Wir sind schnell zum Auto gerannt. Das wurde natürlich ganz schön dreckig. Papa hat aber nicht geschimpft. Wir konnten ja nichts dafür. Jetzt sind wir alle wieder trocken. Leon habe ich bisher nicht getroffen. Der ist noch in Italien.
Liebe Grüße, Deine (*oder:* deine) Anna

**2** der Koffer, **Spanien, die Hitze, der/die Schwimmflügel, die Länder, die Natur, der Sonnenschutz, der Strand, das Boot**

**3** ~~die~~ ~~lehrerin~~ [**Die Lehrerin**] der Klasse 3b hat ~~Natürlich~~ [**natürlich**] auch ~~urlaub~~ [**Urlaub**].

In den ~~Nächsten~~ ~~wochen~~ [**nächsten Wochen**] muss sie ~~Keinen~~ ~~unterricht~~ [**keinen Unterricht**] vorbereiten.

~~sie~~ ~~Sieht~~ [**Sie sieht**] aber gerne auf ~~Die~~ [**die**] vergangenen Monate in der ~~schule~~ ~~Zurück~~ [**Schule zurück.**].

Morgen ~~Fliegt~~ [**fliegt**] sie mit dem ~~flugzeug~~ [**Flugzeug**] nach ~~paris~~ [**Paris**], das ist ~~Die~~ ~~hauptstadt~~ [**die Hauptstadt**] von Frankreich.

**4** *Nomen (Namenwörter): grün; Satzanfänge: blau; Eigennamen:* ***rot***

Urlaub in **Deutschland**
von **Mario Müller**

**Berlin** ■ Immer mehr Deutsche bleiben in den Ferien in ihrer Heimat. Schlimm ist das nicht! Denn mal ehrlich: Auch in **Deutschland** lässt sich viel erleben. Man muss nicht in andere Länder fahren, um Spaß zu haben oder interessante Dinge zu entdecken. Viele Wälder, Höhlen, Flüsse und Seen laden zu Ausflügen ein und versprechen ein fröhliches Ferienprogramm. Und für alle, die von der Natur genug gesehen haben, lohnt sich ein Blick in das Museumsangebot der Städte und Gemeinden. Auch das hat einiges zu bieten. Wem an seinen freien Tagen in **Deutschland** also langweilig wird, ist wirklich selber schuld.

**5** Die Kinder haben Hunger.
Er träumt von fernen Ländern.
Arzt ist ein schöner Beruf.
Ich freue mich auf den Urlaub.

**6**

| groß | klein |
|---|---|
| **Meer** | **mehr** |
| **Brille** | **klettern** |
| **Höhle** | **hohl** |

**7** Sonnenscheinschule
Klasse 3b
Pestalozzistr. 35
84327 Neuhaus

Hallo Klasse 3b!
Wir sind in der Türkei und es ist toll! Es gibt einen langen Strand und viele bequeme Liegestühle. Heute Mittag wollten wir mit dem Boot aufs Meer fahren, aber es wurde uns verboten. Der Sturm bläst so kräftig, dass es zu gefährlich ist. Schwimmen darf man auch nicht. Später soll das Wetter wieder besser werden. Bis dahin habe ich Zeit, Karten zu schreiben.
Bis bald! Euer Anton

**8** Spiegel – groß, weil das Wort ein Namenwort ist
**s**chmecken – **klein**, weil das Wort **ein Verb (Tunwort) ist**
**D**ie Blumen blühen. – **groß**, weil das Wort **am Satzanfang steht**
**t**rocken – **klein**, weil das Wort **ein Adjektiv (Wiewort) ist**
**A**nna und **L**eon – **groß**, weil die Wörter **Eigennamen sind**

**9** Heute sind Anna und ihre Eltern in der Stadt. Anna darf sich ein Geschenk aussuchen, weil ihr Zeugnis so gut war. Sie überqueren die alte Brücke und spazieren noch ein Stück weiter zu den Geschäften. Zuerst kann Anna sich gar nicht entscheiden. Doch dann sieht sie plötzlich etwas im Schaufenster und rennt los. Das ist es: ein neues Radio.

**10** *siehe Trainingsheft S. 5*

**11** Zurück in der Schule
Die Ferien sind vorbei und die Klasse 3b geht wieder in den Unterricht. Frau Reber, die Lehrerin, fragt, was die Kinder erlebt haben. Anna sagt, dass sie viele Ausflüge gemacht hat. Adriano erzählt von seinem Urlaub in Italien.

Anton hat aus der Türkei sogar eine Karte geschrieben. Annas Freund Leon war zwei Wochen in Italien. Er ist viel geschwommen und lag in der Sonne am Strand. Frau Reber selbst war in der Hauptstadt von Frankreich: in Paris.

## Ein Tag auf dem Bauernhof – eu/äu, e/ä

**12** a Familie Braun hat einen Bauernhof in der Nähe der Sonnenscheinschule. Die Schüler der Klasse 3b dürfen zu Besuch kommen und helfen.
Die Kinder sehen die aufgeräumten Gebäude an. Sie geben den Hähnen Futter, damit sie kräftig werden. Leon trägt Heu aus der Scheune. Anton hämmert Nägel in die Zäune und Anna kämmt die Hunde. Herr Braun erklärt die Geburt eines Kälbchens.
Die Drittklässler schenken der Bäuerin bunte Blumensträuße und ein kleines Päckchen mit einem gläsernen Kätzchen.

b aufgeräumten

c Heu, Scheune

**13** *Für die Lösung reichen zehn Wörter aus dem Text.*

| äu | | ä | |
|---|---|---|---|
| Wort im Text | verwandtes Wort mit au | Wort im Text | verwandtes Wort mit a |
| aufgeräumten | Raum | Hähnen | Hahn |
| **Gebäude** | **bauen** | **Nähe** | **nah** |
| **Zäune** | **Zaun** | **Nägel** | **Nagel** |
| **Bäuerin** | **Bauer** | **Päckchen** | **packen** |
| **Blumensträuße** | **Blumenstrauß** | **gläsernen** | **Glas** |
| | | **Kälbchens** | **Kalb** |
| | | **kräftig** | **Kraft** |
| | | **erklärt** | **klar** |
| | | **trägt** | **tragen** |
| | | **hämmert** | **Hammer** |
| | | **kämmt** | **Kamm** |
| | | **Kätzchen** | **Katze** |

**14**

B_ä_ckerei

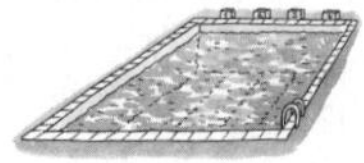

Schwimmb_e_cken

Wortfamilie **backen**

B_e_cken

B_ä_cker

K_äu_ze

Kr_eu_z

Wortfamilie **Kauz**

Kr_eu_zung

K_äu_zchen

**15** *Lösungsvorschlag:* verhängen, angehängt, Aufhänger, **abgehängt, verhängt, umgehängt, anhängen, aufhängen, Anhänger, anhänglich, Verhängung, umhängen, abhängen**

**16** Heu, **Flugzeug, Zeugnis, steuern, Scheune, treu, Europa, deutlich, Feuer, Beute, Freund**

**17**

| | | | | | | | | | |
|---|---|---|---|---|---|---|---|---|---|
| W | Ä | H | R | E | N | D | H | P | V |
| C | E | Z | E | R | B | M | O | P | E |
| L | L | T | U | Z | F | Ä | U | C | R |
| Ä | A | T | Z | Ä | E | D | N | C | S |
| R | X | T | R | H | U | C | G | K | P |
| M | R | I | B | L | H | H | E | Ä | Ä |
| T | B | A | I | E | R | E | F | F | T |
| G | T | R | Ä | N | E | N | Ä | I | U |
| F | N | B | Ä | R | A | F | H | G | N |
| Ä | H | N | L | I | C | H | R | R | G |

Lärm, **während, Mädchen, zählen, ungefähr, Käfig, Verspätung, ähnlich, Tränen, Bär**

**18**

| Wörter mit ä mit Wortverwandten mit a | Wörter mit ä ohne Wortverwandte mit a |
|---|---|
| Stämme – Stamm | Mädchen |
| **stärken – stark** | **Verspätung** |
| **Wälder – Wald** | **ungefähr** |
| **ernähren – Nahrung** | |
| **Gewächshaus – wachsen** | |

| Wörter mit äu mit Wortverwandten mit au | Wörter mit eu |
|---|---|
| häufig – Haufen | leuchten |
| **träumen – Traum** | **Beute** |
| **Gebäude – bauen** | **Leute** |
| **Häuser – Haus** | |
| **Mäuse – Maus** | |

**19**

| | | | | |
|---|---|---|---|---|
| F**e**der | **ä**rgern | **Ä**rztin | B**ä**cker | **ä**ngstlich |
| **au**ßen | Dr**ä**hte | D**eu**tschland | dr**au**ßen | d**eu**tlich |
| gef**ä**hrlich | Gesch**ä**ft | h**ä**rter | h**äu**fig | L**ä**nder |
| M**e**nge | N**e**bel | n**ä**hen | ern**ä**hren | f**e**rn |
| P**ä**sse | qu**ä**len | n**eu** | Sch**ä**rfe | Sp**ä**ße |

**20**

a Keine Katze für Anton

Antons Familie macht ♪ häufig Urlaub in ♪ Deutschland. Sie fahren dann in die ♪ Nähe der Berge, an den Rand tiefer ♪ Wälder oder auf einen Bauernhof. Auf dem Bauernhof ist Anton am liebsten. Es gibt dort eine große ♪ Scheune mit hohen Bergen aus ♪ Heu. Darin spielt Anton und ♪ träumt davon, eines der vielen ♪ Kätzchen mit nach Hause zu nehmen. Er hat seiner Mutter schon ♪ deutlich gemacht, dass sie sich nie über die Katze ♪ ärgern müsste und dass er immer alles ♪ aufräumen würde. Die Mutter aber hat ihm ♪ erklärt, dass die Katzen bei dem Bauern und der ♪ Bäuerin bleiben sollen: „Hier haben sie ihre ♪ Freunde, mehr Platz und viel ♪ Freude dabei, ♪ Mäuse zu jagen und ihre ♪ Beute in eines der vielen ♪ Gebäude zu tragen."

b *individuelle Lösung*

**21** a Der Tag auf dem Bauernhof
Auf dem Heimweg vom Bauernhof spielen die Drittklässler Spiele: Räuber, Länderrätsel und Feuerwehr. Die Indianer stehlen den Räubern die Beute und die Räuber verstecken der Feuerwehr Schläuche und Äxte. Die Mädchen erklären den Jungen die Länder in Europa. „Ich habe kräftigen Hunger und muss mich stärken!“, ruft Leon laut. Da muss sogar Frau Reber lachen und sie lädt die ganze Klasse in eine Bäckerei in der Nähe ein.

b *individuelle Lösung*

## Die Klassenfahrt – Doppelte Mitlaute, Wortzusammensetzungen

**22**

| | | | | |
|---|---|---|---|---|
| So**mm**ermorgen | Kla**ss**e | bega**nn** | scha**tt**igen | hä**tt**e |
| Ta**nn**enwald | wo**ll**ten | Flu**ss** | schwi**mm**en | sa**mm**elten |
| Mi**tt**agszeit | ste**ll**te | do**nn**ern | ro**ll**te | Te**ll**er |
| Gewi**tt**erwolke | Ta**ss**en | ra**nn**ten | Baumsta**mm** | schne**ll** |
| So**nn**enbri**ll**en | getro**ff**en | vo**ll**ständig | abbra**nn**te | du**mm** |

**23**

Der Nachbar hat Mut bewiesen.
Sie nimmt sich eine Flasche Wasser.
In Sachkunde geht es um die Goten.
Adriano wird ein Stück Kuchen essen.
Der Kater ist im Winter fett geworden.
Im Winter braucht man einen Schal.

Die Sonnenblume hat viele Samen.
Annas Familie plant das Wochenende.

Leon spielt mit seiner Mutter.
Sie füllt ihr Glas mit Apfelsaft.
In Religion sprechen sie über Gott.
Die Hexe sitzt auf einem Besen.
Der Postbote bringt ein Paket.
Der Düsenjet fliegt schneller als der Schall.
Ich sammle Briefmarken.
Der Onkel hatte eine Auto-Panne.

**24**

| | | |
|---|---|---|
| schwimmen | stimmen | |
| Lamm | K**amm** | |
| Bett | Br**ett** | n**ett** |
| Fluss | K**uss** | Sch**uss** |
| Kasse | T**asse** | M**asse** |
| Kanne | T**anne** | W**anne** |

**25** Programm – programmieren
Fett – **fettig**
gebissen – **biss, beißen**
gewinnen – **gewonnen, gewann**
gewusst – **wissen, weiß**
klettern – **Klettergerüst**
kennen – **gekannt, kannte**
kämmen – **Kamm**
hoffen – **hoffentlich, Hoffnung**
herstellen – **Herstellung**
schüttelnd – **geschüttelt, schütteln**
stimmen – **bestimmt**
nummerieren – **Nummer**
skizzieren – **Skizze**

**26** Das Gegenteil von dick ist **dünn**.
Das Kind vom Schaf nennt man **Lamm**.
Beim Bügeln wird die Wäsche **glatt** (*oder:* **geglättet**).
Nicht links, nicht rechts, sondern in der **Mitte**.

**27**

**28** Klassenfahrt – die Klasse + die Fahrt
**Sommermorgen – der Sommer + der Morgen**
**Tannenwald – die Tanne(n) + der Wald**
**Mittagszeit – der Mittag + die Zeit**
**Gewitterwolke – das Gewitter + die Wolke**
**Sonnenbrillen – die Sonne + die Brillen**
**Baumstamm – der Baum + der Stamm**

29 Wandertag – **wandern + der Tag**
fehlerfrei – **der Fehler + frei**
Zauberwald – **zaubern** (*oder:* **der Zauber**) **+ der Wald**
spiegelglatt – **der Spiegel** (*oder:* **spiegeln**) **+ glatt**
Tanzschritt – **tanzen** (*oder:* **der Tanz**) **+ der Schritt**
steinreich – **der Stein + reich**

30 Mit dem Förster im Wald
Kurz vor Beginn der Sommerferien war die Klasse 3b mit dem Förster im Wald. Sie hatten ein tolles Programm: Zapfen sammeln im schattigen Tannenwald und im Fluss schwimmen. Als der Förster die Blattformen erklärte, donnerte es und eine Gewitterwolke rollte heran. Schnell rannten die Kinder davon. Der Förster rief: „Nicht unter die Bäume!“, als gerade ein Baumstamm vom Blitz getroffen wurde. „Das hätte dumm ausgehen können!“, stellte Anna fest. Wegen des Wetters gingen sie ins Wirtshaus und bekamen einen Teller Suppe.

# Mit dem Boot durch den See – Doppelte Selbstlaute, Mitsprechwörter

31

| aa | ee | oo |
|---|---|---|
| **die Haare** | **der Schnee** | das Moos |
| **paar** | **der See** | **das Boot** |
| | **der Kaffee** | **das Moor** |
| | **der Tee** | |

32 Welches (Zweiheit) **Paar** Schuhe soll ich heute anziehen?
Im (Sumpf) **Moor** kommen wir mit unserem (Kahn) **Boot** nicht weit, fahren wir lieber auf den offenen (Gewässer) **See** hinaus.
Oder hast du eine bessere (Einfall) **Idee**?

33 Ein anderes Wort für Auto ist Wagen.
Mit der W**aa**ge messen wir das Gewicht.
Ein anderes Wort für Armee ist H**ee**r.
Die Mutter ruft: „Komm mal bitte h**e**r!“

Der Vogel trägt ein Kleid aus F**e**dern.
Mit der Bürste kämme ich meine H**aa**re.
Am M**ee**r brauche ich Flossen und einen Sonnenschirm.
Sie k**a**men spät nach Hause.
Ein anderes Wort für Sumpf ist M**oo**r.
Der Fußballer schießt ein T**o**r.

**34** Ist weiß und fällt im Winter: Sch**nee**
Die Mutter sagt: „Sei heute Abend schön b**rav**!"
Eine Straße mit Bäumen rechts und links: All**ee**
Ein vierblättriges soll Glück bringen: Kl**eeblatt**
Durch Berg und … T**al**
Wer fliegt ein Flugzeug: P**ilot**
So ist eine Flasche ohne Inhalt: l**eer**

**35** das Paar – **die Paare, das Pärchen**
der Saal – **die Säle**
das Haar – **die Haare, das Härchen**
das Boot – **die Boote, das Bötchen**

**36** der Biologe, **die Natur, die Berge, die Enten, baden**

**37** Von den Bergen ans Meer
Leons Tante ist Biologin und erforscht die Natur. Anna und Leon helfen, Proben von Wasser und Pflanzen zu nehmen. Sie beginnen an einer Quelle in den Bergen. Sie sammeln Nadeln von Kiefern, Tannen und Fichten. Unter den Schneeresten suchen sie Moos. Mit dem Boot fahren sie durch den See und im Moor beobachten sie ein paar brütende Enten. Bei Kaffee und Tee erzählt die Tante, dass sie weiter ans Meer fährt und dort weitere Proben nimmt. Leon und Anna dürfen mitkommen und baden.

# Die Hirschkäfer – i/ie

**38** a schief (Gegenteil von „gerade“) – Schiff (Fahrzeug auf dem Wasser)
Lippe (Teil des Mundes) – Liebe (verliebt sein)
Miete (bezahlt man für ein Haus) – Mitte (nicht rechts oder links)
bieten (etwas anbieten) – bitten („bitte“ sagen)
Riese (großes Märchenwesen) – Risse (in einer kaputten Mauer)
Riff (Erhebung am Meeresboden) – rief (Vergangenheit von „rufen“)
Stiel (Stängel der Blume) – still (anderes Wort für „ruhig“)

b Anna und Leon machen einen Spaziergang. Am Ziel steht eine Kiefer, auf der zwei Hirschkäfer kriechen und sich bekämpfen. Keiner will verlieren. Leon sagt: „Vielleicht kann ich sie trennen, aber das wird schwierig.“ Er nimmt einen Stiel und versucht, die Käfer auf ein Blatt zu schieben. Doch der Plan geht schief. „Vielleicht sollten wir sie begießen und sehen, was geschieht. Ob sie dann frieren?“, fragt er. Anna verbietet ihm das, denn das würde die Tiere nur quälen. Schließlich wiegt sie die Käfer auf einem Blatt in tiefen Schlaf, erst dann herrscht Friede.

**39** Krieg, Spiegel, niemals, spazieren, fließen, Beispiel, niemand, riechen

**40**

| | | | |
|---|---|---|---|
| Ziege | Fl**iege** | Bier | T**ier** |
| schief | Br**ief** | schließen | spr**ießen** |
| fliegen | b**iegen** | fließen | g**ießen** |
| Schiene | B**iene** | Dieb | S**ieb** |
| Ziegel | Sp**iegel** | Wiesel | K**iesel** |
| biegen | l**iegen** | Riese | W**iese** |

**41** D**ie** l**ie**be Mar**ie** n**ie**st.
D**ie** T**ie**re fr**ie**ren v**ie**l.
Z**ie**gen l**ie**ben W**ie**sen.
Fl**ie**gen l**ie**ben Z**ie**gen.

**42** Gardine, **Apfelsine, Rosine, Mandarine, Margarine, Kantine, Vitamine, Maschine**

**43**

Krokodil

Tiger

Delfin

**44**

| | | | | |
|---|---|---|---|---|
| l**i**nks | r**i**chtig | Pap**ie**r | w**i**ld | w**i**chtig |
| Fl**ie**ge | bl**i**nd | Br**ie**f | Sch**ie**ne | Kam**i**n |
| Z**ie**l | F**i**chte | r**ie**chen | Käf**i**g | P**i**lz |

**45** Die Ferienwoche

Anna und Leon gehen in einer Ferienwoche zum Spielenachmittag. Dieses Jahr gibt es lustige Wettkämpfe: Sie müssen um die Wette durch einen tiefen Tunnel kriechen, eine Kiefer umrunden, sich mit Gummilanzen bekämpfen und den Stiel einer Blume gießen, ohne die Blüte zu treffen. Keiner will verlieren. Leon kommt später durchs Ziel. „Das war zu schwierig und die Lanze war schief!", schimpft er. Anna schiebt ihm die Hälfte der gewonnenen Schokolade hin und schaut, was geschieht. Leon ist wieder friedlich.

# Auf dem Bahnhof – Dehnungs-h, silbentrennendes h

**46**

| vor dem h steht: | nach dem h steht ein l | nach dem h steht ein m | nach dem h steht in n | nach dem h steht ein r |
|---|---|---|---|---|
| a | Zahl | **lahm** | **Zahn** | **Vorfahrt** |
| e | **Fehler** | **Lehm** | **lehnen** | **ehrlich** |
| i | | **ihm** | **ihn** | **ihr** |
| o | **hohl** | | **Bohne** | **bohren** |
| u | **Stuhl** | **Ruhm** | **Huhn** | **Uhr** |
| ä | **vermählen** | **zähmen** | **ähnlich** | **ungefähr** |
| ö | **Höhle** | | **Föhn** | **Möhre** |
| ü | **fühlen** | | **Bühne** | **rühren** |

**47**

| | | | | | | | | | |
|---|---|---|---|---|---|---|---|---|---|
| | | | H | U | H | N | | | |
| U | N | A | N | G | E | N | E | H | M |
| | F | R | Ö | H | L | I | C | H | |
| | | F | O | H | L | E | N | | |
| | | | | | S | T | U | H | L |
| | | | | M | E | H | R | | |
| | | | | O | H | N | E | | |
| | | | | L | E | H | R | E | R |
| | | M | Ö | H | R | E | | | |

Lösungswort: **Hellseher**

**48**

| | |
|---|---|
| Zwillinge sehen sich | ehrlich. |
| Ein ausgefallener Milchzahn ist | ähnlich. |
| Der Finder des Geldes war | hohl. |
| Die Kinder hatten keine Lust | lahm. |
| Das Pferd war auf einem Bein | kahl. |
| Über die Blumen freut sich Mama | mehr. |
| Im Winter sind die Bäume | sehr. |

Zwillinge sehen sich ähnlich.
Ein ausgefallener Milchzahn ist hohl.
Der Finder des Geldes war ehrlich.
Die Kinder hatten keine Lust mehr.
Das Pferd war auf einem Bein lahm.
Über die Blumen freut sich Mama sehr.
Im Winter sind die Bäume kahl.

**49**

| Bahn | kahl | mahlen |
|---|---|---|
| H**ahn** | Pf**ahl** | z**ahlen** |
| Z**ahn** | St**ahl** | pr**ahlen** |
| K**ahn** | W**ahl** | str**ahlen** |

**50** a Bei stehlen und **Höhle** steht das h nach einem langen Vokal (Selbstlaut) oder Umlaut und vor einem Konsonanten (Mitlaut). Das h dehnt den Vokal.

b Bei **stehen** und **Höhe** steht das h nach einem langen Vokal oder Umlaut und vor einem anderen Vokal. Das h trennt die Silben.

c Bei **stehlen** und **Höhle** gehört das h zur ersten Silbe.

d Bei **stehen** und **Höhe** gehört das h zur zweiten Silbe.

**51** a Anna, Leon und ihre Klasse gehen heute mit der Lehrerin auf den Bahnhof. Frau Reber führt die Kinder über den Bahnsteig und erklärt, was hier jeden Tag geschieht. Zahlreiche Züge fahren auf den Gleisen und diese liegen nah beieinander. „Bei der Arbeit der Zugführer dürfen keine Fehler passieren, sonst wird es schnell gefährlich", erklärt Frau Reber. Während sie noch mehr erzählt, über die Drähte über den Schienen und die geheimnisvollen Signale, dreht sich Tom um und betrachtet einen stehenden Zug genauer. „Irgendwie", denkt er sich, „sehen die sich alle sehr ähnlich."

b

| Wörter mit Dehnungs-h | Wörter mit silbentrennendem h |
|---|---|
| Höhle | Höhe |
| **ohne** | **drehen** |
| **ähnlich** | **Ruhe** |
| **fühlen** | **glühen** |
| **bohren** | **geheim** |
| **sehr** | **nähen** |
| **Fehler** | **Nähe** |
| **ehrlich** | **geschehen** |
| **Lehrer** | **Rehe** |
| **Stuhl** | |
| **fröhlich** | |
| **mehr** | |
| **Lohn** | |
| **kühl** | |
| **ungefähr** | |

**52**

| | | | | | | | |
|---|---|---|---|---|---|---|---|
| Brand | ~~Brant~~ | wegen | Brände | ~~Pfert~~ | Pferd | wegen | **Pferde** |
| ~~Zee~~ | Zeh | wegen | **Zehen** | ~~nakt~~ | nagt | wegen | **nagen** |
| ~~wilt~~ | wild | wegen | **wilde(r)** | geht | ~~geet~~ | wegen | **gehen** |
| Sieg | ~~Siek~~ | wegen | **Siege** | Band | ~~Bant~~ | wegen | **Bänder** |
| ~~Siep~~ | Sieb | wegen | **Siebe** (*oder:* **sieben**) | ~~Kriek~~ | Krieg | wegen | **Kriege** |

**53**

Bahn – Bann
füllen – fü**h**len
Wall – Wa**h**l
Gefa**h**ren – gefallen
Mü**h**le – Müll
Kelle – Ke**h**le

**54** Zusammen mit ihrer **Lehrerin fahren** die Kinder heute mit der **Bahn**. In der **Nähe sehen** sie Blumen **blühen** und in der Ferne, am Waldrand, ein paar **Rehe**. Die Landschaft **zieht** schnell vorüber, **daher** schaffen sie es nicht, die Tiere zu **zählen**. **Ungefähr** aber waren es sieben.
Das Ziel kommt **näher** und Anna, Leon und ihre Freunde sitzen **fröhlich** auf ihren **Stühlen**. Lea beginnt vor lauter Freude, sich im Kreis zu **drehen**. Auch die anderen Kinder werden **unruhig**, so **sehr** freuen sie sich über ihren Ausflug zur alten Wasser**mühle**. **Ehe** sie heute Nachmittag nach Hause zurück**kehren**, werden sie ein paar schöne und spannende Stunden zusammen erleben.

**55** Auf dem Bahnhof
Heute geht die Klasse 3b mit ihrer Lehrerin zum Bahnhof. Sie sehen, wie Arbeiter in luftiger Höhe Spezialdrähte ziehen und sie an Masten befestigen. Leon fragt: „Sind diese Drähte kühl oder können sie auch glühen?“ „Was geschieht, wenn wir in die Nähe der Drähte kommen oder diese berühren?“, fragt Anna. Ruhig beantwortet der Bahnhofsvorsteher ihre Fragen und erklärt mehr über die Bahn und wie wichtig eine fehlerfreie Arbeit ist. Fröhlich, mit dem Gefühl, ein Geheimnis gelüftet zu haben, kehren sie ohne Umweg nach Hause zurück.

# Der Vogel auf der Veranda – v/f

**56** *Wörter mit f: orange; Wörter mit v: grün*

„Es regnete und hinter der Villa kam vorsichtig ein Fuchs zwischen den Fichten hervor. Nass und verschmutzt ging er auf die Veranda. Dort saß ein Vogel im Käfig, der brav und fröhlich sang. Der Fuchs verlor durch die feuchten Pfoten den Halt und rutschte gegen den Käfig. Dieser fiel um, die Tür ging auf und bevor der Fuchs den Vogel verletzen konnte, flog der gefiederte Freund in die Freiheit. Die volle Vase, die die Hausfrau vergessen hatte, fiel auf den Boden und zerbrach."

**57**

| Wörter mit v, das wie f klingt | Wörter mit v, das wie w klingt |
|---|---|
| vorsichtig | Villa |
| **hervor** | **Veranda** |
| **verschmutzen** | **Vase** |
| **Vogel** | |
| **brav** | |
| **verlieren** | |
| **bevor** | |
| **verletzen** | |
| **voll** | |
| **vergessen** | |

**58** Fuchs, Fichten, auf, Käfig, fröhlich, feuchten, Pfoten, fiel, flog, gefiederte, Freund, Freiheit, Hausfrau

**59** verbieten, verbrauchen, verbrennen, vereinen, verpacken, verlaufen
Vorfahrt, Vorsicht, Vortrag, Vorbild, Vorliebe, Vorsprechen

**60** Das Kind vom Schwein: **Ferkel**
Der hintere Teil des Fußes: **Ferse**
Ein anderes Wort für „beendet": **fertig**
Eine Wissenschaftlerin, die neue Sachen entdeckt: **Forscherin**
Das Gegenteil von „nahe": **fern**
Das Schönste an der Schulzeit: die Pause und die **Ferien**
Teig: Daraus **formt** der Bäcker seine Brote.
Das Gegenteil von „herkommen": **fort**gehen

**61**

a Maria kommt direkt **vom** Bäcker und hat der Mutter Kuchen mitgebracht.
b „Bitte, bitte!“, bettelt die kleine Schwester. „Darf ich im Auto **vorne** sitzen?“
c Lutz hat zum Geburtstag **viele** tolle Geschenke bekommen.
d Die Mutter und der **Vater** gehen gemeinsam spazieren.
e Es hat aufgehört zu regnen. **Vielleicht** kommt sogar die Sonne noch raus.
f Fabian zählt seine Mitspieler: „Eins, zwei, drei, **vier** – es sind alle da!“

**62**

Das **F**ahrrad hat ein Loch im **v**orderen Rei**f**en, er **v**erliert Lu**f**t.
**V**ielleicht kann der **V**ater es **f**licken, wenn er um **v**ier Uhr **v**om Sport**v**erein nach Hause kommt.
Er ist **v**on Beru**f** **F**ern**f**ahrer und lie**f**ert **v**iele **V**erpackungen.
In seinem **F**ahrzeug hat er sogar einen **F**ernseher, aber er hat nicht immer **V**or**f**ahrt.
In den **F**erien dar**f** seine Tochter **V**eronika auch mal im **F**ührerhaus mit**f**ahren.
**V**orher muss sie aber ihr Zimmer au**f**räumen und bra**v** sein.

**63**

Der Vogel und der Fuchs

Auf der Veranda einer Villa saß ein Vogel brav im Käfig und fraß aus einem vollen Fressnapf. Ein Fuchs kam vorsichtig zwischen den Fichten hervor und wollte wie in der Fabel das Essen des Vogels haben. Fröhlich begrüßte er den gefiederten Freund und versprach ihm die Freiheit, wenn er dafür das Essen bekäme. Der Vogel stimmte zu, schrie dann aber laut: „Verbrecher!“ Die Hausfrau kam herbei und verjagte den Fuchs. Sich mit einem Papageien anzulegen, war einfach zu frech gewesen.

# Leons Kindergeburtstag – s/ß/ss

**64** a draußen, Straße, bloß, Süßigkeiten

b interessante

**65**

| | Ja, man kann es summen. | Nein, man kann es nicht summen. |
|---|---|---|
| besser | ☐ | ☒ |
| vergessen | ☐ | ☒ |
| Wiese | ☒ | ☐ |
| Speise | ☒ | ☐ |
| Meise | ☒ | ☐ |
| leise | ☒ | ☐ |
| Kuss | ☐ | ☒ |
| Rose | ☒ | ☐ |
| fraß | ☐ | ☒ |
| bloß | ☐ | ☒ |

**66** fressen – fraß – riss – nass – Gras –Glas – Nase – Fuß – passen – Maß – gegossen – grüßen – Messer

**67**

| | |
|---|---|
| Rüssel | Sch**üssel** (*oder:* Schl**üssel**) |
| schließen | fl**ießen** |
| sprießen | g**ießen** |
| Stoß | Fl**oß** |
| Fass | n**ass** |
| Kasse | T**asse** |

**68**

| Wörter mit langem Vokal (Selbstlaut) oder Doppellaut und ß | Wörter mit kurzem Vokal und ss |
|---|---|
| aß | essen |
| **maß** | **messen** |
| **gießen** | **goss** |
| **beißen** | **biss** |

| | |
|---|---|
| **weiß** | **wissen** |
| **fraß** | **fressen** |
| **ließ** | **lassen** |
| **schließen** | **schloss** |

69

70 Nach der Schnitzeljagd besuchen die Kinder Leons Onkel, der bei der Feuerwehr arbeitet. Die Drittkla**ss**kinder dürfen dort ein bi**ss**chen bei der Arbeit zusehen.
Bald mü**ss**en die Frauen und Männer zu einem Brand in der Nähe vom Flu**ss**.
Die Feuerwehr löscht das gro**ß**e Haus flei**ß**ig von au**ß**en und innen.
Plötzlich gie**ß**t es wie aus Kübeln. Der Himmel ist ihnen zur Hilfe gekommen.

71 Leons Onkel erzählt, da**ss** sogar schon einmal ein gro**ß**es Schlo**ss** gebrannt hat.
Es war ein ei**s**iger Tag und sie mu**ss**ten Wa**ss**er aus dem kalten Flu**ss** pumpen.
Das Feuer war so hei**ß**, da**ss** sogar das Gla**s** der Scheiben splitterte.
Die Feuerwehr des Landkrei**s**es löschte sehr gut.
Am Ende war nicht viel verbrannt, nur der Ballsaal war etwa**s** ru**ß**ig und das Spei**s**ezimmer na**ss**.
Am nächsten Tag suchte die Polizei nach Bewei**s**en für Brandstiftung.
Das Gra**s** und die Ro**s**en musste man nicht mehr gie**ß**en.

**72** *siehe Trainingsheft S. 36*

**73** Die Schatzsuche
Der Piratenkapitän Leon findet draußen im Graben im flachen Wasser des Gartenteichs eine interessante Karte. Sofort holt er einen Kompass, ein Messer und die Augenklappe aus dem Kinderzimmer und läuft los. Unter dem Nussbaum findet er einen Schlüssel. Er geht über die Straße, misst zwanzig Schritte und findet beim Fluss im Gras eine Kiste. Er schließt auf und hebt den Deckel ein bisschen. Da hört er jemanden lachen. Anna hat zum Spaß die Kiste versteckt, sie ist voller Süßigkeiten.

# In der Tierklinik – tz/z, ck/k

**74** a/ *Wörter mit tz: grün; Wörter mit ck: orange*

b Leons Katze Fritzi ist krank. In letzter Zeit isst sie nichts, weckt Leon nicht mehr auf, putzt sich nicht mehr und sitzt nur noch auf der Decke. Leon geht in die Tierklinik. Dort blickt der Tierarzt nachdenklich auf Fritzis Tatze. Hinter einer Kralle steckt ein schmutziges Stück Holz, die Stelle ist rot und dick. Deshalb war die Katze so krank. Mit einer spitzen Pinzette zieht der Arzt das Holz heraus, trocknet die Verletzung und macht einen Druckverband. Fritzi bekommt noch eine Spritze, dann geht es ihr wieder gut. Glück gehabt!

c Katze, Fritzi

d Stück

**75**

| | | | |
|---|---|---|---|
| Sitzplatz | – sitzt | Wecker | – **weckt** |
| zudecken | – **Decke** | Blick | – **blickt** |
| Schmutz | – **schmutziges** | Dickhäuter | – **dick** |
| Spitze | – **spitzen** | trocken | – **trocknet** |
| verletzen | – **Verletzung** | drücken | – **Druckverband** |

**76**

| | | | | |
|---|---|---|---|---|
| Block | zurü**ck** | drü**ck**en | entwi**ck**eln | me**ck**ern |
| Schre**ck** | zule**tz**t | mo**tz**en | bese**tz**t | Schu**tz** |
| le**tz**ter | Perü**ck**e | verle**tz**t | Pfü**tz**e | De**ck**el |
| pflü**ck**en | We**ck**er | Ta**tz**e | kra**tz**en | Fle**ck** |

**77**

| | | | | | |
|---|---|---|---|---|---|
| Arzt | ~~Artzt~~ | nach | einem Konsonanten | steht | z |
| ~~Holtz~~ | Holz | nach | **einem Konsonanten** | steht | **z** |
| Schmerz | ~~Schmertz~~ | nach | **einem Konsonanten** | steht | **z** |
| schmatzen | ~~schmazen~~ | nach | **einem kurzen Umlaut** | steht | **tz** |
| Grenze | ~~Grentze~~ | nach | **einem Konsonanten** | steht | **z** |
| ~~heitzen~~ | heizen | nach | **einem Doppellaut** | steht | **z** |
| ~~spatzieren~~ | spazieren | nach | **einem kurzen Vokal** | steht | **z** |

**78**

| | | | | | | | | | | | |
|---|---|---|---|---|---|---|---|---|---|---|---|
| | | | S | C | H | W | I | T | Z | E | N |
| B | R | Ü | C | K | E | | | | | | |
| | | | H | Ö | C | K | E | R | | | |
| | | B | A | C | K | E | N | | | | |
| B | L | I | T | Z | | | | | | | |
| L | E | T | Z | T | E | | | | | | |

Wenn du die markierten Felder von oben nach unten liest, erfährst du, was manchmal auf einsamen Inseln vergraben ist: **Schatz**

**79** *tz: grün; ck: orange*

drucken – spucken – zucken
**Witz** – **Blitz** – **spitz**
**Mücke** – **Brücke** – **Stücke**
**Dreck** – **Schreck** – **Fleck**
**sitzen** – **schwitzen** – **spritzen**
**Platz** – **Spatz** – **Satz**

80

81

82 In der Tierklinik

Leon denkt beim Spaziergang an seine Katze Fritzi. Die Mama ist mit ihr in der Tierklinik, weil sie die letzten Tage nichts gegessen hat. Sie sitzt nur noch auf ihrer Decke, putzt sich nicht mehr und weckt Leon nicht mehr auf.
Die Tierärztin blickt besorgt auf Fritzis Hinterlauf. In der Tatze steckt ein schmutziges, spitzes Stück Holz, die Stelle ist entzündet und dick. Deshalb war die Katze so krank. Mit einer Pinzette zieht die Ärztin das Holz heraus und verbindet die Verletzung. Fritzi bekommt noch eine Spritze, dann geht es ihr wieder gut. Glück gehabt!

9954303L